Hannes Schott

RAUS AUS DEM TOTEN WINKEL

HANNES SCHOTT

RAUS AUS DEM TOTEN WINKEL

Ein unkonventioneller Blick auf die Kirche von morgen

Unter Mitarbeit
von Regina Carstensen

Kösel

Sollte diese Publikation Links auf Webseiten Dritter enthalten, so übernehmen wir für deren Inhalte keine Haftung, da wir uns diese nicht zu eigen machen, sondern lediglich auf deren Stand zum Zeitpunkt der Erstveröffentlichung verweisen.

MIX
Papier aus verantwortungsvollen Quellen
FSC® C014496

Verlagsgruppe Random House FSC® N001967

Umschlaggestaltung: zero-media.net, München
Umschlagmotiv: FinePic®, München
Satz: dtp im Verlag
Druck und Bindung: GGP Media GmbH, Pößneck
Printed in Germany
ISBN 978-3-466-37265-2
www.koesel.de

Dieses Buch ist auch als E-Book erhältlich.

Inhalt

»Es darf gelacht werden.«

Opa Willi bei der Eröffnung von Familienfeiern

Ein wichtiger »Sicherheitshinweis« zur Lektüre dieses Buchs

Jede Pfarrerin oder jeder Pfarrer liest und hört viele Texte und Predigten, so, wie jede Humoristin undjeder Humorist viele Witze und Späße liest und hört. Irgendwann weiß sie oder er nicht mehr, wann und wo er diese Idee gehört hat und denkt bei manchen sogar, dass er sie sich selbst ausgedacht hat.

Ich bin mir bei vielen Ideen nicht hundertprozentig sicher, ob sie wirklich ursprünglich von mir stammen, oder ob ich sie irgendwo entdeckt und zu meinen gemacht habe. Außerdem glaube ich, dass meine Ideen und Geistesblitze tatsächlich nicht von mir kommen. Ich danke also, wie Udo Lindenberg es einmal in einem Interview ausgedrückt hat, »für das Geflüster von da oben, hinter den Sternen« meinem Schöpfer und seiner Inspiration.

Der Einfachheit halber: Bitte nehmen Sie an, dass keine einzige der Ideen von mir selbst stammt, sondern ich sie irgendwo aufgeschnappt habe. Ich freue mich auch, wenn Sie eine der Ideen adaptieren und aufnehmen oder etwas Lustiges aus dem Buch weitererzählen.

Zitate habe ich meistens irgendwo ohne Quellenangabe notiert und kann sie nicht mehr verifizieren. Ich vertraue darauf, dass ich sie mir richtig aufgeschrieben habe, wissenschaftlichen Ansprüchen können sie meistens nicht genügen. Die Bibelverse sind – wenn nicht anders angegeben – aus der revidierten Lutherbibel von 2017.

Sollten Sie einen Fehler entdecken, freuen Sie sich bitte darüber und nehmen Sie an, dass ich ihn extra für Sie versteckt habe, um Ihre Aufmerksamkeit zu testen und Ihnen eine Freude zu bereiten.

Prolog – Der Schulsport, der Glaube und ich

Es gab einen Tag, den ich als Grundschüler immer gefürchtet habe: Bundesjugendspiele im Bodenturnen. Meine Koordination ließ damals sehr zu wünschen übrig. Ich war so gelenkig wie eine Eisenstange. Meine Rolle vorwärts war wirklich ein Purzelbaum. Mein Strecksprung ein verhutzeltes Etwas. Und an das Erklimmen von Stange und Ringen war nicht mal zu denken. Während Klassenkameradinnen und Klassenkameraden wie Affen das Seil hochkraxelten, blieb ich unten hängen wie ein nasser Sack. Ganz schlimm war es, wenn ich dann auch noch angefeuert wurde: »Schotti, Schotti!« Was sollte ich denn tun? Ein Fisch kann auch nicht Fahrrad fahren, auch wenn er noch so sehr angefeuert wird.

Ich habe tatsächlich in einem Jahr Zahnweh simuliert und bin freiwillig zum Zahnarzt gegangen, um nicht an den Bundesjugendspielen im Bodenturnen teilnehmen zu müssen. Das muss man sich vorstellen: ein Achtjähriger, der lieber zum Zahnarzt geht, statt an einem eigentlich unterrichtsfreien Tag in die Schule.

Ich kam einmal mit Pfarrerkabarettkollegen bei einem Bier auf dieses Thema zu sprechen, und wir teilten alle dieses Los: Wir waren die Unsportlichen. Wir wurden beim Fußball als vorletze oder sogar letzte Mitspieler gewählt. Wir konnten nicht werfen, schmissen irgendwie von unten, sogar einmal nach hinten oder knapp vor die eigenen Füße – im Rückblick war das damals eine noch größere Demütigung, als sinnlos am unteren Zipfel des Seils zu hängen.

Deswegen sind wir vermutlich lustig geworden. Um uns gegen die Stärkeren und Sportlicheren irgendwie zu behaupten. Mit Erfolg – der Klassenclown ist wie in früheren Zeiten der Hofnarr heute durchaus beliebt.

Jedenfalls trug ich für mich seit der Grundschule diesen unsichtbaren Stempel: unsportlich.

Ich könnte mich jetzt über Geräteturnen und damit verbundene Verletzungen auslassen. Ich könnte vom Schulschwimmen erzählen, wo ich mich auch irgendwie durchquälte. Und wo ich einmal die in meinen Augen wahnsinnig kluge Idee hatte, meinen Turnbeutel zu vergessen, um nicht am Schwimmunterricht teilnehmen zu müssen. Aber für solche Fälle gab es eine schreckliche Leihbadehose, die mal liegen geblieben war und über die ich heute immer noch nicht näher nachdenken will. Ich kann inzwischen so schwimmen, dass ich nicht untergehe und mich auch keine Rettungsschwimmer ständig beobachten müssen – aber ich habe nie ein »Seepferdchen« gemacht.

Ich bin halt einfach unsportlich.

Dachte ich.

Allerdings bin ich immer gern Fahrrad gefahren. Als ich keine Lust mehr auf den Schulbus hatte, bin ich jahrelang bei Wind und Wetter von daheim bis zur Schule geradelt. Das galt damals komischerweise nicht als Sport. Eigentlich wäre es fair gewesen, mir für diese tägliche Ertüchtigung eine bessere Note in Sport zu geben und denen, die sich von ihren Eltern kutschieren ließen, eine schlechtere.

Später bekam ich tatsächlich, als ich beispielsweise mein Gewicht beim Kugelstoßen einsetzen konnte, Siegerurkunden bei den Bundesjugendspielen. Nur waren die zu diesem Zeitpunkt nicht mehr so wichtig. Da hatte ich mit dem Sport schon abgeschlossen und mich der Bühne zugewandt.

Und so blieb ich unsportlich. Ich lachte über Fitnessfanatiker und zitierte Winston Churchills angebliche Antwort auf die Frage eines Reporters, wodurch er ein so ein hohes Alter erreicht habe: »First of all: no sports.« Zwischenzeitlich fuhr ich nicht mal mehr Fahrrad.

Bis ich mit Anfang dreißig das Joggen begonnen habe. Ich habe mir im Internet ein Trainingsprogramm für Anfänger runtergeladen und bin einfach losgelaufen – in meiner ausgebeulten Jogginghose, mit der ich sonst immer nur auf dem Sofa gelegen war. Nachts im Dunkeln durch meine Gemeinde, damit mich nur niemand bei meinem atemlosen Herumstolpern beobachten konnte.

Ich war doch unsportlich!

Inzwischen schaffe ich es, Strecken zu joggen, die früher für mich völlig unerreichbar waren. Und ich fahre wieder gern und viel Fahrrad, nicht nur, um von A nach B zu kommen, sondern sogar im Urlaub oder zum Spaß. Das wäre früher undenkbar gewesen.

Seitdem habe ich die kühne Theorie: Vielleicht bin ich ja gar nicht unsportlich.

Vielleicht ist tatsächlich niemand unsportlich.

Das kann ich aber nicht beurteilen, weil ich kein Sportlehrer geworden bin, sondern Pfarrer.

Warum ich so ausführlich von meinen Sporterlebnissen aus der Kindheit und Jugend erzähle, hat einen Grund, der mit meinem Beruf zu tun hat. Ich bin nämlich der Meinung, dass es vielen Menschen mit der Kirche und dem Glauben so geht wie mir mit dem Sport. Sie halten sich für nicht religiös, weil sie Erfahrungen mit der Kirche gemacht haben, die ihnen die Begeisterung daran nahmen. Oder weil sie nie in Kontakt mit dem Christentum gekommen sind und sich nun für zu alt halten, um damit noch anzufangen.

Ich glaube, dass niemand wirklich nicht religiös ist, genauso wenig wie ich wirklich unsportlich bin.

Ich glaube, dass es für jeden und jede im christlichen Glauben und in der Kirche das zu entdecken gibt, was für ihn oder sie richtig ist und nur auf ihn oder sie wartet. Es ist wie mit mir und dem Laufen: Fangen Sie einfach an.

Deswegen heißt dieses Buch auch *Raus aus dem toten Winkel*. Die Kirche ist inzwischen im toten Winkel von Gesellschaft und Medien gelandet, hat aber weiterhin für jede und jeden etwas, das sein oder ihr Leben bereichern würde. Davon bin ich überzeugt.

Ich freue mich, dass Sie sich auf meine Ansichten dazu einlassen.

Und vielleicht kann ich ja ein bisschen für Sie der Lauftrainer sein.

Ihr Pfarrer Hannes Schott

Vom Wurfzelt in Taizé bis zum Tod im Schaukelstuhl

Bevor wir zur Kirche in Deutschland und deren Zukunft kommen, erzähle ich von meinen Sommerferien 2010 in Frankreich. Nicht dass Sie das Falsche denken: Es gibt hier keine Urlaubsschwänke. Das war kein Entspannungsurlaub mit viel Rotwein, Baden und Brutzeln in der Sonne, sondern ich war eine Woche in Taizé.

Wahrscheinlich haben viele von Ihnen schon mal von diesem kleinen Ort im Osten Frankreichs mit seinen gut 550 Einwohnern gehört. Einige kennen vermutlich die schönen Taizé-Lieder (»Laudate omnes gentes«, »Meine Hoffnung und meine Freude«, »Bleibet hier und wachet mit mir«), die zum Beispiel oft beim Abendmahl gesungen werden. Oder Sie haben von Frère Roger gehört, dem Gründer der ökumenischen Männergemeinschaft von Taizé. Dieser kleine, milde, unscheinbare Pfarrer aus der Schweiz hatte anscheinend so großes Charisma, dass sich ganz viele Menschen von ihm begeistern ließen. Ich habe ihn nicht mehr kennengelernt, 2005 ist er verstorben.

Jeden Samstagabend wird in Taizé eine »Nacht der Lichter« gefeiert, und auch in vielen Orten in Deutschland wird diese besondere Gottesdienstform einmal pro Jahr begangen. So viel und vielleicht noch ein bisschen mehr wusste ich von Taizé, als ich Ende August 2010 dort hinfuhr. Mein alter Studienfreund Joe hatte eine einwöchige Reise mit Jugendlichen aus seiner

Gemeinde dorthin geplant und mich gefragt, ob ich mitfahren wolle. Neugierig hatte ich damals ja gesagt. Ich war erst seit einem halben Jahr Pfarrer und gespannt auf neue religiöse Eindrücke.

Aber kaum war ich in Taizé angekommen, bereute ich es fast schon. Denn es traf mich erst einmal fast der Schlag: Die hygienischen Verhältnisse waren nicht sonderlich. Das Essen war recht einfach und rationiert. Und ich wurde von Jugendlichen, die dort anscheinend ziemlich viel zu sagen hatten, eingeteilt, bei den Bibelarbeiten mitzumachen und kleine Arbeiten zu übernehmen. Ehrlich gesagt: So hatte ich mir meinen Urlaub nicht unbedingt vorgestellt. Denn ich hatte vor, aufzuatmen, mich zu entspannen und Kräfte zu sammeln. Und danach klang das alles nicht.

Joe hatte eine oberbayrische Mutter, die kein Blatt vor den Mund nahm und noch nie verstanden hatte, warum der Sohn schon zum elften Mal nach Taizé wollte. Die hatte noch vor der Abreise gesagt: »Jetzt fährt der Bub wieder in' Dreck.« Das hätte mir vielleicht eine Warnung sein sollen. Ich erlitt bei der Ankunft in Taizé jedenfalls erst einmal eine Art Kulturschock.

Vielleicht war auch die lange Busfahrt daran schuld, dass ich am Ankunftsabend doch ein bisschen labil war. Auf jeden Fall vermisste ich mein Bett und meinen Computer mit Internetzugang, meinen gut gefüllten Kühlschrank und alle anderen Errungenschaften der Neuzeit. In meinem gerade hingeworfenen Zelt – in meinem damals noch recht jugendlichem Leichtsinn hatte ich nur ein sehr überschaubares Wurfzelt aus dem Supermarkt dabei, in dem ich mich kaum drehen konnte und daraus hervorlugte wie eine Schildkröte mit Kappe – auf einer tatsächlich recht dreckigen und staubigen Wiese hockte ich und grübelte: Irgendwas muss da ja dran sein an diesem Taizé. Nicht von ungefähr treffen sich hier alljährlich viele Tausend Jugendliche! Die dann dreimal am Tag zu über vierzigminütigen Gottesdiensten gehen und hinterher sogar noch freiwillig länger in der dortigen Kirche bleiben! Die an Bibelarbeiten teilnehmen! Oder für die Gemeinschaft etwas tun! Also alles Dinge, die sie daheim – ich kenne meine Konfis – nur mit Zähneknirschen und höchst widerwillig in Angriff nehmen würden. Und darüber hinaus mussten doch diese Jugendlichen ihre Computer und ihre sonstigen technischen Spielzeuge ganz sicher noch viel mehr vermissen als ich!

An diesem Abend beschloss ich dennoch, mich auf eine Woche Taizé einzulassen – und schon kurz darauf läuteten die Glocken zum Abendgebet. Damit begann eine wirklich herausragende Erfahrung, vielleicht sogar eines meiner prägendsten religiösen Erlebnisse. Denn kaum war der erste Kulturschock überstanden, begann mich die berühmte Frömmigkeit von Taizé ebenfalls zu begeistern.

Einige Jahre später habe ich diesen ersten Kulturschock kabarettistisch verarbeitet und als raubeiniger Dekanatsjugendpfarrer Johnny in einer Nummer des *Weißblauen Beffchens,* unserer Kabarettgruppe, erzählt:

Und was zu Taizé auch noch dazugehört – eine Woche Zelten. Den Jugendlichen macht des nix aus ... aber mir ... nach zwei Tagen kannst dein Hals nimmer bewegen, ab dem dritten Tag spürst dein linken Arm nimmer und hast eine Mordserkältung.
Ich weiß schon, warum die früher im Neandertal alle mit Dreißig gestorben sind: Weil sie auf dem blanken Boden geschlafen haben.

Oder halt auf Fellen, des war denen ihre Isomatte damals. Aber wenn ich des Tag für Tag machen müsste, wär's mit mir auch bald vorbei!
Mein Rücken – echt eine Katastrophe. Und von überall hörst du die Schnarcherei. Alle schnarchen – außer ich. Und zum Essen gibt es nur Bohnen-, Erbsen-, Linsengerichte in Taizé – da weht nicht nur der Heilige Geist.
Also echt: Nach einer Woche Taizé-Zelten bist so was von urlaubsreif!
Aber – du kannst da wirklich Theologie treiben. Einsichten ins göttliche Wesen erlangen! Und so habe ich in Taizé eine Theorie entwickelt, warum Gott im Alten Testament so grantig ist. Weil der auch ständig zelten musste. Und der Jüngste ist er ja auch nimmer. Und trotzdem musste er ständig in seinem Zelt, der Stiftshütte, mit den Israeliten in der Wüste rummarschieren. Vierzig Jahre zelten! Ey, da wirst g'scheit grantig. Aber kaum ist es mit dem Zelt vorbei und er hat einen schönen großen Tempel, wird er nett und lieb.

Soweit meine kabarettistische Verarbeitung der ersten Nacht in Taizé, die natürlich amüsieren und keine Predigt über Gottes Wesen oder eine ernsthafte Widergabe der Erfahrungen dort sein soll.

In Taizé gibt es jeden Vormittag eine Bibeleinführung, die von einem der Brüder der Ordensgemeinschaft gehalten wird. Und später am Tag wird dann über diese Bibelstelle und das, was einen dabei angesprochen hat, diskutiert. Zunächst war ich ziemlich skeptisch, schließlich war ich fertiger Pfarrer, hatte dreizehn Semester Theologie studiert und zwei theologische Examina abgelegt. Ich dachte: Was soll ich da noch von einem dieser komischen zölibatären Brüder ohne theologischen Universitätsabschluss lernen? Ich trug – auch wenn ich das heute ungern zugebe – meine Nase wohl ziemlich weit oben.

Schon am zweiten Tag stellte ich fest: Die Bibeleinführungen und meine Diskussionsgruppe waren die Höhepunkte einer auch ansonsten rundum gelungenen Woche. Es war unglaublich spannend, wie die Brüder und auch meine Diskussionspartnerinnen und -partner über ihren Glauben sprachen. Über ihre eigenen Glaubenserfahrungen und ihr Leben mit Gott. Das teilweise so ganz anders aussah als meins. Denn viele Christen völlig unterschiedlicher Couleur und aus aller Herren Länder waren dort versammelt.

Taizé, das habe ich auch gelernt, ist ein Ort der Ökumene. Und so diskutierte ich mit südamerikanischen Katholiken über Engel, mit calvinistischen Dänen über die Theodizee und mit anglikanischen Briten über die Kirche. Denn die Maxime dieser Gemeinschaft lautet: »Jeder Mensch ist auf seine Art und Weise auf der Suche nach Gott. Und jeder hat seine Erfahrungen mit Gott, die er mit anderen teilen kann.« Das hat mich für meine Arbeit in der Gemeinde geprägt.

Weil jeder und jedem so eine Grundtheologie zugetraut wird, gibt es zum Beispiel in den dortigen Gottesdiensten keine Predigt nach der Bibellesung. Sondern eine acht- bis zehnminütige Zeit der Stille, in der jeder und jede über den vorgelesenen Bibeltext nachdenken kann. Deswegen sind womöglich die Lieder so offen und eingängig. Damit man sich nämlich auch im Singen für Gott öffnen kann und nicht – wie manchmal bei uns – von einem unverständlichen Text oder einer schwierigen Melodie abgelenkt wird. Deswegen werden gerade die Jugendlichen dazu ermutigt, in den Gesprächsgruppen mitzudiskutieren. Sie sollen mitreden, weil ihre Glaubenserfahrungen als bedeutend und wertvoll angesehen werden. Weil ihr Glaube als vollwertig anerkannt wird. Weil ihnen zugetraut wird, Wichtiges über Gott sagen zu können. Ich habe versucht, dies in meine Konfirmandenstunden einfließen zu lassen – kein Frontalunterricht, der die Teenies meiner Meinung nach eher aus der Kirche raustreibt, sondern offene Diskussion, wenn möglich auf Augenhöhe. Wobei ich sage, was meine Sicht ist und warum ich das so glaube – aber auch ganz offen für und interessiert an der Sicht meiner Konfis bin. Dabei bin ich übrigens bei Weitem nicht der Einzige – der moderne Konfirmandenunterricht ist bei vielen Kolleginnen und Kollegen kaum mehr ein »Unterricht«, sondern eine kreative, mediale und modern gemeinsam verbrachte Zeit, nah an den Jugendlichen und ihren Bedürfnissen.

Vielleicht ist es das, was viele junge Menschen an Taizé begeistert. Nämlich in ihrem Glauben und in ihren Erfahrungen mit Gott respektiert und akzeptiert zu sein. Ernst genommen zu werden. Und dabei mit den Arbeitsaufträgen große Verantwortung übertragen zu bekommen. Mich hat es auf jeden Fall damals begeistert und gerührt, die Jugendlichen in ihrem Glauben zu sehen und von ihrem Glauben zu hören. Für mich war es eine große Bereicherung, mit Nichttheologen zu debattieren. Mit Menschen, die kirchenfern sind oder die einem komplett anderen Kulturkreis entstammen.

Mich hat diese Woche damals ziemlich auf den Boden der Tatsachen gebracht und meine Nase wieder nach unten geführt. Ich habe danach eine »Nacht der Lichter« und Gottesdienste ähnlich wie in Taizé in Bayreuth eingeführt – weil es mir selbst guttut.

Taizé hat mich 2010 und bei vielen weiteren Besuchen gelehrt: Wir Christen sind alle dazu aufgerufen, von unserem Glauben zu sprechen. Denn der christliche Glaube lebt von der Kommunikation. Natürlich auch von der Kommunikation mit Gott, das ist klar. Also dem Lesen der Bibel und dem Gebet. Aber ebenso von der Kommunikation der Christen untereinander. Dazu braucht es die Kirche, dazu braucht es unsere Gemeinschaft, in der wir miteinander über unseren Glauben reden. Das kann uns Halt in Zweifeln geben. Das kann uns Trost geben. Und das kann unseren Horizont gewaltig erweitern und uns das Gefühl geben: Wir sind nicht allein.

In Taizé wird für diesen Austausch die richtige Atmosphäre geschaffen. Die verschiedenen Stimmen zum Glauben, sie werden ernst genommen. Die jungen Menschen werden sogar ermuntert davon zu erzählen, was sie glauben. Und niemand wird schief angeschaut, wenn jemand etwas Unorthodoxes sagt. Oder wenn er einen besonders vorwitzigen Gedanken vertritt. Sondern es wird voller Enthusiasmus diskutiert.

Vielleicht bin ich ja deswegen so euphorisch von Taizé zurückgekommen, weil ich es sonst gewohnt war, über den Glauben zu predigen, weniger Dialog zu halten. Doch einzig der Dialog, das gegenseitige Bereichern, hält den Glauben wirklich lebendig. Wenn wir immer nur unsere – sicher sehr wichtigen und schönen – Bekenntnisse unreflektiert runterbeten, besteht die Gefahr, gar nicht mehr darüber nachzudenken oder sie nicht mehr mit Leben zu füllen. Ich bin ein leidenschaftlicher Prediger und Gottesdienstfeierer geblieben – das gehört für mich zu den schönsten Seiten des Pfarrerberufs –, aber ich habe auch immer wie viele andere Kolleginnen und Kollegen versucht, Möglichkeiten des Austauschs in der Gemeinde zu etablieren. Jeder und jede hat Erfahrungen mit Gott gemacht, die es wert sind, kommuniziert zu werden. Gerne habe ich diese dann – mit Erlaubnis natürlich und, wenn nötig, leicht verfremdet – in Predigten aufgenommen. Wie zum Beispiel die Geschichte von Frau L.

Als ich sie besuchte, war mein Tag eigentlich schon gelaufen. Es war einiges grundlegend schiefgegangen, ich hatte mir einige Dinge anders vorgestellt. Ich war traurig und enttäuscht. Jetzt klingelte ich zum nachträglichen Geburtstagsbesuch. Wegen eines Krankenhausaufenthalts von Frau L. hatten wir mein Kommen mehrmals verschoben und nur schwer einen passenden Termin finden können. Daher wollte ich sie unbedingt an diesem Tag besuchen, obwohl ich eigentlich keine Energie mehr hatte.

Ich wusste: Die alte Frau hatte schon viel mitmachen müssen. Eines ihrer Kinder war im Erwachsenenalter nach langer schwerer Krankheit gestorben. Ihren Mann hatte sie auch verloren. Das Gehen fiel ihr seit Längerem sehr schwer, und das Herz machte Probleme.

Kurz nach der Begrüßung erzählte sie mir mit Tränen in den Augen, dass sie einen weiteren Schicksalsschlag verkraften müsse: »Ich werde langsam blind, und man kann nichts dagegen machen.«

Ich erwartete jetzt, dass es ihr wegen der fortschreitenden Erblindung sicher schlecht gehen würde. Na, das konnte ja ein toller Besuch werden mit uns beiden Trauerklößen. Aber dann wischte sie sich einmal übers Gesicht und sagte mit gefestigter Stimme: »Herr Pfarrer, des is alles aber gar net so schlimm, denn der Herrgott schickt mir jeden Tag was, worüber ich mich freuen kann!«

Als ich sie fragte, was das zum Beispiel gestern gewesen sei antwortete sie: »Gestern hab ich einem Schmetterling das Leben gerettet. Ich hab ihm ein Nest aus Küchentuch gebastelt und ihn aus der Küche ins Freie gerettet.«

Ich konnte nicht anders, ich musste lächeln.

Ich erzählte ihr, dass der Schmetterling ein uraltes Symbol für die Auferstehung sei. Der Kokon, in den sich die Raupe einspinnt, wirke wie ein Grab. Die Raupe scheint tot zu sein. Aber es bricht neues Leben daraus hervor – in einer Pracht, die man nicht erwartet hätte.

Das hatte Frau L. nicht gewusst, als sie mir von ihrem Abenteuer mit dem Schmetterling in der Küche berichtete. Jetzt freute sie sich noch mehr über ihr Erlebnis. Und wir erzählten uns gegenseitig von vielen kleinen Freuden, die »der Herrgott« uns in den vergangenen Wochen geschickt hatte. Danach war ich gelöst und fröhlich. Und auch jetzt lächle ich, wenn ich an Frau L. denke.

Der Besuch bei ihr schenkt mir immer noch Trost. Er ist mir ein wertvolles Beispiel dafür geworden, wie Gott uns jeden Tag etwas schickt, worüber wir uns freuen und dadurch Trost finden können. Jesus verkündigt seinen Jüngern in den Abschiedsreden im Johannesevangelium, dass ein »Tröster« bis in Ewigkeit kommt. Es ist der Heilige Geist. Der wirkt oft anders, als wir es erwarten. Durch ihn können eine alte Frau und ein Schmetterling zum Tröster werden.

Oder meine Gesprächspartner in Taizé, die alle nicht Theologie studiert hatten. Ich habe damals in Frankreich mit ihnen wieder neu darüber nachgedacht: Was bedeutet die frohe Botschaft für mich? Was bedeutet es für mich, dass Gott die Menschen liebt? Was bedeutet es für mich, dass Jesus von den Toten auferstanden ist? Und wie kann ich anderen davon erzählen?

Denn das ist es doch, wofür Martin Luther gekämpft hat: Dass jeder gleich vor Gott steht. Dass jeder seine Erfahrungen mit Gott macht. Und jeder diese Erfahrungen mit anderen teilen darf.

Dies habe ich dann in meiner Gemeinde in den Bibelkreis und andere Gesprächsgruppen einfließen lassen – das gibt es in fast allen Gemeinden.

Im Gespräch habe ich immer wieder neue Seiten an biblischen Geschichten entdeckt, auf die ich selbst nie gekommen wäre. So war es dann im Bibelkreis bei der Geschichte der Sturmstillung, eine meiner absoluten Lieblingsgeschichten des Neuen Testaments (Markus 4, 35–41). Und die geht so:

Die Jünger sind mit ihrem Schiff auf dem See unterwegs zur anderen Seite und geraten dabei in einen Riesensturm. Es sind auch andere Boote unterwegs. Jesus ist mit im Boot der Jünger, schläft aber auf einem Kissen. Als das Wasser schon ins Schiff reinläuft, kommen die Jünger auf die Idee, Jesus aufzuwecken. Jesus steht auf, streckt sich und befiehlt Sturm und Wellen, Ruhe zu geben. Und mit einem Mal ist Ruhe. Jesus dreht sich zu den Jüngern um und fragt: »Warum seid ihr so furchtsam? Habt ihr noch keinen Glauben?« Die Jünger wundern sich: »Wer ist er, dass ihm Wind und Meer gehorsam sind?«

Und so ist es mir durch das Gespräch mit anderen zum ersten Mal aufgefallen, dass diese Geschichte ein Gleichnis für unser ganzes Leben ist.

Wir sind auf dem Weg zur »Jenseite«, wie das Wort im griechischen Originaltext auch heißen kann, das in der Lutherbibel mit »anderes Ufer« übersetzt wird. Dabei geht es natürlich nicht nur ums Sterben, wenn vom Weg zur Jenseite die Rede ist, es geht um unsere ganze Lebensfahrt, auf der wir unterwegs sind. Ganz bewusst steht da, und das ist mir noch nie aufgefallen, dass auch andere Boote mit dabei waren. Es sind die Lebensboote der Menschen, die unterwegs sind zur Jenseite.

Und auf alle diese Lebensboote warten Unwetter!

Da gibt es Stürme, da gibt es Wellen, da steht einem oftmals das Wasser bis zum Hals! Das können Krankheiten sein, die völlig unerwartet über uns und unsere Lieben hereinbrechen. Das können bei den Konfis Schwierigkeiten in der Schule und bei uns Erwachsenen im Beruf sein, die ein Leben völlig durcheinanderwirbeln. Oder Probleme in der Partnerschaft und der Ehe, die wie ein Orkan toben.

Wenn mich vor einer Hochzeit immer wieder die Brautpaare bitten, für gutes Wetter am Tag der Trauung zu beten, dann muss ich leider sagen: »Unser Gott ist kein Wettergott!« So hat man sich die antiken Götter vielleicht vorgestellt, aber unserer? Der schmeißt keinen Hagel vom Himmel, wenn er zürnt, und er schickt auch keinen Sonnenschein, wenn er gut drauf ist. Und noch weniger stimmt, was meine Eltern früher immer im Spaß gesagt haben, wenn es geblitzt hat: »Jetzt hat der liebe Gott wieder ein Foto gemacht!« Nein, unser Gott ist kein Wettergott.

Und so geht es auch in dieser Geschichte von der Sturmstillung wohl nicht wirklich um die Besänftigung von Wetterphänomenen, sondern um die Stürme in unseren Herzen. Gegenüber diesen ist gerade die Haltung erforderlich, die Jesus vorlebt. Das Ziel ist es doch, angesichts all dieser Stürme und Wogen so ruhig zu bleiben wie Jesus in dieser Geschichte. Don't panic – ein wichtiges Motto in meinem Leben.

Jesus ist bei uns, bis wir an der Jenseite ankommen – und darüber hinaus!

Das hat mich so inspiriert, dass ich einmal für eine Predigt aufgeschrieben habe, wie ich mir meinen Aufbruch zur »Jenseite« vorstelle:

Und wenn ich einmal alt und lebenssatt geworden bin, könnte es dann so ablaufen: Ich sitze in meinem Schaukelstuhl und habe mit dem Leben abgeschlossen. Meine Kräfte haben nachgelassen und meine Lieben sind alle versorgt. Oder ich musste mich selbst schon unter vielen

Tränen von ihnen verabschieden und freue mich jetzt auf ein Wiedersehen.
Es liegt eine Katze schnurrend auf meinem Schoß, eine Bibel in meinen Händen, möglicherweise ist es aber auch ein Krimi. Es ist angenehm warm, ich stelle mir ein Kaminfeuer vor, vor dem ich sanft schaukelnd sitze.
Ich fühle mich wohl.
Ich habe inzwischen die Neugier auf irdische Dinge verloren. Mein Einfluss auf die weltlichen Dinge hat mehr und mehr abgenommen.
Ich blicke auf meine faltigen und mit Leberflecken übersäten Hände. Mein Atem geht seit einiger Zeit schleppend. Wie lang schon, kann ich nicht sagen – das Erinnern fällt mir immer schwerer.
Und dann kommt jemand.
Die Griechen erwarten Charon, den Fährmann. Da ginge plötzlich der Fluss Styx durch mein Wohnzimmer, ich würde eine Münze für ihn zücken und der Fährmann würde sagen: »Ahoi, alter Mann. Steig ein, ich setze dich über.«
Nein, an den glaube ich nicht, der ist nur ein Chauffeur.
In einem meiner Lieblingstheaterstücke, »Der Brandner Kasper und das ewig' Leben« von Franz von Kobell, ist es der Boandlkramer, ein etwas einfältiger und schmieriger Geselle, der sagen würde: »Schott, jetzt ist es so weit.« Und ich würde einen Kirschgeist unter meiner Decke hervorziehen, nur um zu testen, ob er wirklich so einfach wie im Stück vom Brandner Kaspar zu überlisten ist.
Aber auch der Boandlkramer ist eine literarische Figur und nicht ernst zu nehmen. Daran glaube ich auch nicht.
Andere glauben, dass der Gevatter Tod ein großes Skelett im schwarzen Umhang mit Sense und Stundenglas ist.

So sehr mich dieses Bild auch fasziniert – dem möchte ich sicher nicht begegnen, wenn es mit mir zu Ende geht.
Ich hoffe darauf, dass ein anderer erscheint.
Einer, der mich versteht. Einer, der mich mein ganzes Leben lang – schon seit dem Mutterleib – kennt. Der mir meine Fehler vergibt, die ich in meinem hoffentlich langen Leben vermutlich gemacht habe. Es ist Jesus – der mich auch jetzt in meinen letzten Augenblicken auf dieser Welt beruhigt und die letzten Wogen glättet!
Und so wird mein Lebensboot dann ruhig an der »Jenseite«, wo unser aller Heimathafen liegt, ankommen.

Spiel mit der Bibel: Der vorlaute Josef und die Rettung der zehn Jungfrauen

Vom Ende meines Lebens, wie es ausschauen könnte, jetzt aber zu den Anfängen meines Lebens, wie es wirklich war:

Wieso wollte ich eigentlich Pfarrer werden?

Begonnen hat meine bewusste Geschichte mit der Kirche (nach meiner Taufe, an die ich mich nicht erinnere) im Kindergottesdienst in meiner Heimatgemeinde Heinersreuth bei Bayreuth, damals in den Achtzigerjahren. Und natürlich gab es zur Weihnachtszeit ein Krippenspiel mit sicher achtzig Kindern. Da fing alles an. Um bei dieser Masse an Kindern alle mit wichtigen Rollen zu versorgen, wurde in einem Jahr sogar ein vierter König eingeführt, und erst Jahre später habe ich dann im Studium gelernt, dass das theologisch durchaus legitim war. In der Bibel steht nichts davon, dass es Könige waren. Da steht, es waren Sterndeuter oder Zauberer, die aus dem Osten zum Jesuskind kamen. Es steht auch nichts davon, dass sie zu dritt waren. Ihre Anzahl wurde irgendwann nach den drei Geschenken Gold, Weihrauch und Myrrhe festgelegt. Und es wurde festgelegt, wie alt die drei waren: ein ganz junger, ein erwachsener und ein ganz alter König. Und weil man damals der Meinung war, die Welt bestehe aus drei Kontinenten, Europa, Asien und Afrika, war klar: Da kommt jeweils einer von jedem Kontinent. Die Könige symbolisieren: Dieses Christuskind ist für die ganze

Welt geboren, für Menschen von allen Kontinenten, für Menschen jeden Alters und – dazu stehen die drei am Stall direkt neben den Hirten – jeder Einkommensklasse. Jesus ist für die gesamte Menschheit geboren!

Das ist seitdem einer der Grundsteine meiner Theologie. Heute würde ich nicht einen König, sondern eine Königin dazuschreiben und auch Hirtinnen. In den Achtzigerjahren war das aber zumindest in Oberfranken noch kein Thema.

Ich habe mir das mit den Königen damals so gut gemerkt, weil beim Krippenspiel meine religiöse Schauspielkarriere begann. Meine weltliche Schauspielkarriere hatte schon einige Jahre zuvor ihren Anfang genommen, als ich im Kindergarten die wichtige Rolle »Linke Seite des Backofens« in »Hänsel und Gretel« spielen durfte. Im Jahr darauf, mit etwa fünf, war ich dann in Personalunion »Klaus und Klaus« beim Kindergartenfest und sang den damaligen Superhit »An der Nordseeküste«. Die Weichen für eine spätere Schlagerkarriere wurden also noch vor der kirchlichen Karriere gestellt. Das sollte zu denken geben.

Aber zurück zum Krippenspiel.

Im ersten Jahr – ich war da ungefähr sieben – spielte ich tatsächlich einen der Heiligen Drei Könige, die durch den Stern von Bethlehem zu Jesus geführt wurden. Und als dieser König durfte ich einen umgebauten Blumentopf als Turban tragen. Nachdem ich mich in dieser royalen Rolle bewährt hatte, vertraute man mir die größte männliche Rolle an, die des Josef. Da ich schon damals etwas vorlaut war, mahnte mich der Leiter des Krippenspiels: »Wenn der Josef weiterhin so frech ist, dann schreibe ich das Krippenspiel um, dann wird Josef am Ende verhaftet.« Das hatte gesessen, fortan verkniff ich mir irgendwelche Kommentare.

Immerhin habe ich Josef sehr gut dargestellt. Ich durfte ihn sogar in den Folgejahren spielen – auch als einmal meine zarte, blonde Maria ausfiel. Sie wurde von ihrer fünfzehnjährigen Schwester ersetzt, die gut zwei Köpfe größer war als ich und mich armen Josef regelrecht durch die Kirche geschleift hat. Vielleicht bin ich deshalb als evangelischer Pfarrer jeglicher Marienfrömmigkeit gegenüber skeptisch eingestellt.

Der Kreis zu diesen Anfängen beim Krippenspiel schloss sich dann vor einigen Jahren, als der ehemalige Krippenspielleiter mein Dekan, also mein direkter Vorgesetzter in Bayreuth, wurde. Bei seiner Einführung habe ich zur großen Belustigung der Anwesenden vom einstigen Krippenspiel erzählt und dabei geschildert, dass die Arbeit mit uns Pfarrerinnen und Pfarrern in Bayreuth bestimmt ganz ähnlich abläuft, zumal es auch unter den oberfränkischen Pfarrern Schafe und Hirten gibt, Könige und Weise, Wirte und Jungfrauen.

Diese Krippenspiele haben mich sehr beeindruckt, denn meine ersten Eindrücke von Gottesdiensten waren dadurch: volle Kirchen; die freudige Erwartungshaltung der Menschen; andere, die mit viel Liebe den Gottesdienst vorbereitet hatten die Weihnachtslieder, bei denen alle mitschmetterten; die stimmungsvollen Lichter am Baum – Kirche als etwas ganz Besonderes.

Der nächste große Schritt kam dann während der Konfirmandenzeit. Dort wurde ich Kreuzträger bei Beerdigungen, der Pfarrer nannte mich augenzwinkernd den »Herrn Versenkungsrat«. Dieser Pfarrer war riesengroß, hatte eine tiefe Stimme vom Rauchen und einen unglaublich trockenen Humor. Dass so etwas geht – Humor und Kirche –, habe ich bei ihm gelernt.

Beim Kreuztragen bekam ich auch einen Blick hinter die Kulissen: das Miteinander von Bestattern und Pfarrer. Dass der

Pfarrer in der Sakristei vor einer Beerdigung noch ganz anders ist als dann im Altarraum, dass er da noch Privatmensch ist und sich vorbereitet vor seiner Haustür schnell noch eine geraucht hat und mit mir ein weiteres Mal den Ablauf durchspricht und dabei hin und wieder ein Witzchen macht. Dass aber ebenso Schuhwerk (»nur dunkle Turnschuhe!«) und ein feierlicher Gesichtsausdruck wichtig sind. Der fiel mir manchmal ziemlich schwer, wenn der Pfarrer kurz zuvor in der Sakristei noch einen Scherz gemacht hatte.

Ich lernte damals weiterhin, dass es eine ganz normale Arbeit sein kann ist, eine Beerdigung zu halten. Nichts Überdramatisches, sondern dass man Menschen durch ein Ritual und mit einer hoffnungsvollen Ansprache viel gibt, ebenso durch die Lieder mit trostreichen Texten, die während der Beerdigung gesungen wurden. Ein würdevoller Abschied für ein Leben.

Nicht ohne Grund sagen viele Pfarrerinnen und Pfarrer zur Verwunderung der Fragesteller auf die Frage, was sie am liebsten im Beruf machen: »Beerdigungen!«

Denn hier ist man ganz nah am Menschen dran, kann ihnen Hoffnung in einer schweren Zeit geben und ist als Seelsorger und theologischer Deuter gefragt. Das hat mir damals schon eingeleuchtet und imponiert, dazu kam mein Kinderglaube, den ich mir seit dem Kindergottesdienst bewahrt hatte: Da ist einer, der passt irgendwie auf dich auf. Und der ist da, wenn du ihn brauchst. Du kannst jederzeit mit ihm reden.

Das waren die religiösen Gründe, Pfarrer werden zu wollen.

Die weltlichen sind fast etwas peinlich: Ich war seit der Pubertät eine ziemliche Rampensau, also jemand, der gern auf der Bühne und im Mittelpunkt stand. Meine Schüchternheit – ich konnte jahrelang niemandem im direkten Gespräch in die Augen schauen – vermochte ich auf diese Weise zu überwinden, ebenso die Stürme der Pubertät. Auf der Bühne machte ich nämlich die Erfahrung, dass ich Menschen leicht zum Lachen bringen konnte.

Nach meiner Josef-Darstellung ging es weiter mit dem Schultheater und einer Schulkabarettgruppe. Anfangs war ich vierzehn, ein völliges Küken, die anderen um die siebzehn, für mich fast schon erwachsene Halbgötter der Bühne. Doch ich durfte bei ihnen mitwirken, sie fanden sogar gut, was ich auf die Bühne brachte. Eine meiner ersten Rollen war eine Parodie unseres Hausmeisters, den ich mit blauem Mantel und fränkischem Zungenschlag verkörperte. Das war eine richtig tolle Möglichkeit, um auszuprobieren, worüber Menschen eigentlich lachen. Als die »Erwachsenen« in der Gruppe dann Abitur machten, übernahm ich die Leitung dieser Gruppe, bis ich selbst die Schule mit dem Reifezeugnis verließ.

Dieses Kabarett in der Schule hieß »Kultur im Keller«, da der Theaterraum im Keller lag. Ich habe damals meine ersten Sketche geschrieben, meistens Parodien auf Fernsehserien. Oder ich habe Gedichte, die ich eh schon im Deutschunterricht gelernt hatte, lustig interpretiert aufgeführt, sodass für manchen stolzen Germanisten unter der Lehrerschaft damals tatsächlich die Kultur im Keller war. Ich verdanke dieser Zeit viel, auch einige Freundschaften haben sich damals begründet und halten noch.

Sollte ich also Schauspieler werden?

Diese Überlegung lag nahe, doch hatte ich schon öfter gehört, dass die Theaterwelt eine sei, bei der man Ellbogen auspacken müsse, um sich durchzusetzen. Wenn das stimmte, war das nicht meins.

Das wäre mir mit einem zu großen Druck verbunden gewesen, der mir eventuell das, was ich als Hobby zum Spaß gemacht hatte, nur kaputtgemacht hätte. Als Beruf wäre mir wahrscheinlich die Freude an der Schauspielerei verloren gegangen. Außerdem habe ich später, als ich mir einen Traum erfüllte und wieder halb professionell Theater spielte, gemerkt, was für ein Knochenjob das ist: die Texte lernen, stundenlang voll auf der Bühne präsent sein, danach hellwach und auf Adrenalin, aber schlafen müssen.

Heute muss ich nicht mehr im Mittelpunkt stehen und alles selbst machen, inzwischen freue ich mich, wenn ich mich zurücklehnen und andere agieren lassen kann. Aber damals musste ich überall meine Nase reinhalten und die Richtung vorgeben, konnte mich nicht zurücknehmen. Rampensau halt.

Neben diesem Bedürfnis aufzutreten, hatte ich meinen festen Glauben. So studierte ich Theologie.

Erstaunt hat mich die große Offenheit der Theologen, kaum eine oder einer meiner Mitstudierenden kannte die ganze Bibel wirklich auswendig. Nur wenige nahmen alles wörtlich, was in ihr stand. Fast alle wussten, dass die Texte in der Bibel nicht vom Himmel gefallen waren, sondern von Menschen geschrieben worden waren, die ihre jeweils eigenen Erfahrungen mit Gott gemacht hatten. Und: Wir waren alle gemeinsam auf der Suche.

In einer Einführungsveranstaltung fragte einmal eine Mitstudierende, die aus einer recht frommen Ecke kam, den Dozenten: »Mir haben sie gesagt: ›Studier' nicht Theologie. Da machen sie dir den Glauben kaputt.‹ Stimmt das?« Ich weiß nicht mehr, was die Antwort war, ich weiß aber, dass bei mir das Theologiestudium den Glauben gefestigt und ihm insgesamt ein gutes Fundament verliehen hat. Ich habe es geliebt, mit theologischen Büchern in geistige Höhen vorzudringen und dabei meinen eigenen Weg zu finden. Es ist ein spannendes, vielfältiges Studium, historisch, philosophisch, mit Arbeit an Texten, mit anderen Denkweisen, mit anderen Kulturen. Ohne mich und meine Kolleginnen und Kollegen zu sehr auf einen Sockel stellen zu wollen: Nach einem erfolgreich absolvierten Theologiestudium ist man eine Art Universalgelehrter. Und trotzdem unterscheidet es sich von anderen Studiengängen, denn der Kern des Ganzen ist der Glaube.

Nach einem Gottesdienst sagte einmal eine Frau zu mir: »Der Pfarrer muss in einer Predigt hundertprozentig sagen, dass es Gott und den Himmel gibt.« Ich kann das nicht. Gott kann genauso wenig bewiesen werden, wie er nicht bewiesen werden kann. Es geht um Glauben – und dazu gehören immer auch Zweifel. Das ist selbst nach dreizehn Semestern Theologiestudium nicht anders. Ich kann aber sagen, was mir Halt gibt und was mein Glaube mit mir macht: Halt geben mir Verse aus der Bibel, das sind oft so hoffnungsvolle und ermutigende Texte. Die Geschichten von Jesus, den Aposteln oder aus dem Alten Testament, das in vielen Teilen weit weniger blutrünstig ist, als behauptet wird. Dazu Kirchenlieder – oft von Menschen geschrieben, die selbst Krisen durchstanden haben Oder Texte von spirituellen Lehrern, von den Kirchenvätern bis zu modernen Theologen. Das gibt mir immer wieder Halt, mich in meinem Glauben nicht allein zu fühlen, sondern Teil einer Tradition zu sein. Dazu der Austausch über den Glauben mit Freunden und mit meiner Gemeinde. Das alles macht, dass ich hoffnungsvoll und mutig durchs Leben gehen und optimistisch auf unsere Welt schauen kann. Ich fühle mich getragen und geborgen – selbst in schwierigen Zeiten. Das macht mich vergnügt.

Überhaupt ist für mich das Allerwichtigste im Glauben, dass wir geliebt werden, dass es jemanden gibt, der uns gewollt hat, unabhängig von dem, was wir gerade tun. Und dass es einen Plan für uns und die Welt gibt und jemand da ist, der uns durch das Leben trägt. Und dass dieser Plan Gottes mit uns sogar mit dem Tod nicht aufhört. Als Pfarrer möchte ich genau das weitergeben. Offene Ohren müsste es genug geben: Wer hat keine Sehnsucht nach Liebe und Gemeinschaft, nach Angenommensein?

Ich glaube an ein höheres Wesen, wir nennen es Gott, und wir wissen von diesem Gott, dass er die Menschen liebt, weil es einmal einen Jesus gegeben hat, der so eng mit Gott verbunden ist, dass man gesagt hat, dass er sein Sohn sei. Und deswegen erzählen wir immer noch die alten Geschichten von Menschen, die Erfahrungen mit Gott gemacht haben, die wir dann für uns neu deuten, für das Leben im 21. Jahrhundert, in dem es Autos und das Internet und Smartphones gibt.

Als Bertolt Brecht einmal nach seiner Lieblingslektüre gefragt wurde, sagte er: »Sie werden lachen: die Bibel.« Dabei war der Dramatiker nicht gerade bekannt als Verfechter des christlichen Glaubens. Aber er sah in der Bibel einen Fundus für seine eigenen Geschichten, die Poesie und die kulturelle Grundlage unseres europäischen Lebens. Es wäre schade, würde das alles wegbrechen.

Wie jeder Pfarrer und jede Pfarrerin habe auch ich die Aufgabe, einige Stunden in der Woche Religionsunterricht zu erteilen. Das macht mir große Freude, inspiriert mich, und ich habe jetzt auch die ersten Jugendlichen konfirmiert, die ich bereits in der Grundschule unterrichtet habe. In den letzten zehn Jahren hat sich in der Grundschule viel geändert: Ich habe kaum noch Schülerinnen und Schüler, die die biblischen Geschichten kennen. Vielleicht, weil ihre Großeltern und Eltern einer Generation entstammen, die Kirche nur als einengend erfahren haben, als eine Institution, die Vorschriften darüber macht, wie wir zu sein haben. Das ist eine Katastrophe, deswegen erzähle ich in der Grundschule leidenschaftlich Geschichten, um die biblischen Figuren und deren großartigen Erfahrungen mit dem Glauben bekannt zu machen.

Viele Christinnen und Christen überlegen sich unterschiedlichste Mittel und Wege, die biblischen Geschichten im Internetzeitalter zu vermitteln. Wer mich fragt, wie er oder sie einen Zugang zu ihnen finden soll, dem rate ich fürs Erste zu einer Kinderbibel. Diese sind meistens hervorragend. Kennt man die Geschichten, kann man zur »erwachsenen Bibel« greifen.

Ja, es ist sicher kein einfacher Schritt, die Bibel zur Hand zu nehmen, darin zu lesen, sich mit dieser etwas altertümlichen Sprache auseinanderzusetzen. Durch das Internet und YouTube-Videos hat sich die Aufmerksamkeit verändert, die Bibel ist sicher noch ferner als vor fünfzig Jahren. Und auch die Lust am Denken scheint ein wenig nachzulassen. Man sucht lieber nach einfachen Antworten, als den Sinn der alten Geschichten verstehen zu wollen und sie neu für sich zu interpretieren.

Aber: Der christliche Glaube ist sicher die größte kulturelle Grundlage in unseren Breiten, und wer einmal genau darauf achtet, der kann und wird unzählige biblische oder religiöse Motive überall, in der Kunst und in unzähligen Filmen und Fernsehserien, erkennen. Den kulturellen Reichtum des Christentums wahrzunehmen, ist schon ein guter Schritt, auch wenn man mit dem Glauben an sich nichts oder relativ wenig anfangen kann.

Und mit dieser Kultur meine ich nicht die Kreuzzüge oder die Inquisition, sondern die Kultur der Nächstenliebe. Liebe deinen Nächsten wie dich selbst. Dazu gehört natürlich auch, wie Menschen über Jahrhunderte daran gescheitert sind – und was an Positivem aus diesem Scheitern gewachsen ist. Diese Basis ist Gott sei Dank noch da und zeigt sich zum Beispiel daran, wie die Menschen einander in der Corona-Krise helfen wollen. Eben kein »Ich denke nur an mich«, sondern ganz große Aktionen der Nächstenliebe. Von Studierenden, die bei allen Parteien im ansonsten anonymen Hochhaus anklopften und nachfragten, ob Hilfe nötig sei, bis zum Handarbeitskreis, der Hygienemasken nähte. Diese Nächstenliebe zeigt sich auch, wenn sich Menschen in unserem Land gegen antisemitische oder rassistische Tendenzen wehren und Zeichen dagegen setzen.

Doch zurück zu meinem Theologiestudium.

Zuvor habe ich von der Sturmstillung erzählt und der beruhigenden Wirkung dieser Geschichte. Wer schon einmal bei mir im Auto mitgefahren ist, der weiß, dass sich auf meinem Handschuhfach ein Aufkleber befindet, auf dem »Don't panic« steht, also »Keine Panik«. Das liegt übrigens nicht an meinem Fahrstil! Nein, der Aufkleber ist da, weil ich jemand bin, bei dem manchmal die emotionalen Wellen hochschlagen und ich mich dann nur schwer beruhigen kann. Es klebt übrigens noch ein weiterer auf meinem Badezimmerspiegel, und der hat mir gute Dienste geleistet, als ich nach den Weihnachtstagen auf die Waage gestiegen bin oder frühmorgens zerknautscht in den Spiegel geschaut habe: »Don't panic!«

Aber im Ernst: Ich habe manchmal das Gefühl, dass bei Lebensstürmen mein Lebensschiff kentern könnte. Daher dieser Aufkleber. »Don't panic!«. Beruhig dich wieder! Besonders schlimm war das in meinem ersten theologischen Examen, das am Ende des Studiums stand und in dem alles abgeprüft wurde. Dazu muss man wissen, dass man nur einmal durchfallen darf, sonst ist das ganze Studium umsonst gewesen.

Bayerische Theologen wissen: Die mündlichen Examensprüfungen finden in einem bestimmten Gemeindehaus in Ansbach innerhalb von zwei Wochen statt. Einige Kommilitoninnen und Kommilitonen waren schon in der ersten Woche dran (ich erst in der zweiten), und ich hörte von jenen, die teilweise mit Pauken und Trompeten durchgefallen waren, und anderen, die ganz hervorragend abgeschnitten hatten – und ich selbst wurde immer kleiner, demütiger und unsicherer, weil ich dieses Examen noch vor mir hatte. Immer mehr kam in mir das Gefühl auf, nichts zu wissen.

Das Examen erstreckte sich dann über sechs Prüfungen an zwei Tagen, und ich war furchtbar aufgeregt, als ich an meinem ersten Prüfungstag nach Ansbach fuhr. Jeder Prüfling hatte einen Prüfungspartner, mit dem als Zweierteam sämtliche Prüfungen durchzustehen waren. Dieser Prüfungspartner hatte ein Schwerpunktthema, und auf dieses bereitete man sich natürlich nicht vor, denn man konnte davon ausgehen, dass das bei einem selbst kaum abgefragt wurde. Im Falle meines Prüfungspartners war es das Buch Ruth.

In Ansbach erwartete mich die Botschaft, dass mein Prüfungspartner überraschend weggeblieben sei. Und so begann meine erste Prüfung nun überraschend als Einzelkämpfer im Fach »Altes Testament« – eigentlich seit dem Grundstudium mein Lieblingsfach – mit der Frage: »Ihr Prüfungspartner ist ja ausgefallen, der hätte das Buch Ruth gehabt – was wissen denn Sie über das Buch Ruth?«

Ich konnte einiges Allgemeines, aber ganz sicher keine Details über dieses kleine Büchlein des Alten Testaments sagen. Panik stieg in mir auf, und ich war mir sicher, dass ich diese und auch die beiden darauffolgenden Prüfungen vergeigt hatte.

Ich war vom vielen Lernen körperlich und psychisch so angeschlagen, dass ich mich abends und nachts nach diesen drei in meinen Augen katastrophal gescheiterten Prüfungen übergeben musste und die ganze Nacht kein Auge zumachte. Am nächsten Morgen rief ich völlig gerädert im Prüfungsamt an: »Ich bin krank, ich kann heute nicht kommen.« Ich ging davon aus, dass meine Pfarrerskarriere, wenn schon nicht völlig beendet, so doch zumindest einen großen Dämpfer erhalten hatte und ich jetzt einen Anschiss kassieren würde. Aber das Wunder kam! Die Stimme am anderen Ende der Leitung sagte: »Kein Problem, Herr Schott, Sie kurieren sich heute mal aus. Und wenn Sie morgen können, kommen Sie morgen zu den restlichen Prüfungen, es ist nämlich noch ein Prüfling ausgefallen und Sie können seinen Platz haben. Es reicht mir völlig, wenn Sie morgen früh Bescheid sagen! Gute Besserung!«

Augenblicklich wurde ich ganz ruhig. Der Mann, mit dem ich gesprochen hatte, hatte zwar nicht gesagt: »Was seid ihr so furchtsam? Habt ihr noch keinen Glauben?« wie Jesus in der Geschichte von der Sturmstillung, aber im Grunde kam die gleiche Botschaft bei mir an.

Die Anspannung der letzten Wochen, die Wogen des Nichts-Könnens und Stürme des Nichts-Wissens lösten sich schlagartig auf. Ich hatte Monate gelernt, rund zehn Kilo zugenommen – aber an diesem Tag nahm ich nichts zu mir, außer Tee und Salzstangen. Und ich nahm auch kein theologisches Buch zur Hand. Ich verbrachte den Tag ruhig im Bett, las einen Krimi, schaute mir eine Fernsehserie an und ging kurz spazieren. Am nächsten Tag fühlte ich mich zwar noch etwas wacklig, aber vergleichsweise fit und zuversichtlich, dass ich das jetzt schaffen würde.

Und ich weiß noch, wie nach der ersten Prüfung des Tages der Prüfer zu mir sagte: »Sie wirken nicht wie ein kranker Mann!« Damit war mir auch die letzte Welle der Unsicherheit genommen. Ich bestand mein Examen – die schlechteste Prüfung hatte ich tatsächlich beim Buch Ruth im Fach Altes Testamentgemacht.

Im Studium hielt ich übrigens auch meinen ersten Gottesdienst ab, dafür bekam ich ein Gleichnis, mit dem ich mich auseinandersetzen musste, das von den klugen und törichten Jungfrauen. In Matthäus 25, 1–13 erzählt Jesus:

Dann wird es mit dem Himmelreich sein wie mit zehn Jungfrauen, die ihre Lampen nahmen und dem Bräutigam entgegengingen. Fünf von ihnen waren töricht und fünf waren klug. Die törichten nahmen ihre Lampen mit, aber kein Öl, die klugen aber nahmen außer den Lampen noch Öl in Krügen mit. Als nun der Bräutigam lange nicht kam, wurden sie alle müde und schliefen ein. Mitten in der Nacht aber hörte man plötzlich laute Rufe: Der Bräutigam kommt! Geht ihm entgegen! Da standen die Jungfrauen alle auf und machten ihre Lampen zurecht. Die törichten aber sagten zu den klugen: Gebt uns von eurem Öl, sonst gehen unsere Lampen aus. Die klugen erwiderten ihnen: Dann reicht es weder für uns noch für euch; geht doch zu den Händlern und kauft, was ihr braucht. Während sie noch unterwegs waren, um das Öl zu kaufen, kam der Bräutigam; die Jungfrauen, die bereit waren, gingen mit ihm in den Hochzeitssaal und die Tür wurde zugeschlossen. Später kamen auch die anderen Jungfrauen und riefen: Herr, Herr, mach uns auf!
Er aber antwortete ihnen: Amen, ich sage euch: Ich kenne euch nicht. Seid also wachsam! Denn ihr wisst weder den Tag noch die Stunde.

Mit dem Text habe ich mich sehr schwergetan, geht es doch darum, dass man, wenn die Tür zum Himmelreich zu ist, draußen bleiben muss. Dann bleibt einem nur noch Heulen und Zähneklappern, wie es in einem späteren Vers im Matthäusevangelium heißt.

Mein Abmühen mit dem Text war ebenfalls ein Heulen und Zähneklappern: Die klugen Jungfrauen fand ich unsympathisch und äußerst unkameradschaftlich, sitzen da auf ihrem Öl herum und geben nichts ab. Die törichten Jungfrauen verlassen sich darauf, dass andere ihre Probleme lösen, wenn die Zeit dafür gekommen ist. Und dann noch dieser Bräutigam, der doch für Jesus stehen soll! Der weist echt jemanden ab?

Kein gnädiger Text für eine erste Predigt. Die Krönung war, dass ich zum Schluss des Gottesdiensts auch noch den Segen versemmelte und vergaß, wie er weiterging. Noch heute werde ich rot, wenn ich daran denke, dass mein erster gottesdienstlicher Segen lautete: »Der Herr segne dich und behüte dich, der Herr lasse … oh Mann …« Es folgte ein Wort, das ich jetzt nicht wiedergeben möchte und das meine ganze Unzufriedenheit mit diesem Gottesdienst und seinem Predigtthema auf den Punkt brachte.

Jahre später habe ich mich dann mit den klugen und törichten Jungfrauen versöhnt und ihnen ein Gedicht im Stil von Heinz Erhardt geschrieben. Dabei habe ich dem Gleichnis einen Schluss gegeben, den ich für passender halte:

Zehn Jungfrauen war'n unterwegs
dabei war b'sonders, nämlich:
fünf davon, die waren klug
und fünf warn eher dämlich.

Es kam nämlich der Bräutigam
zum Feiern, Essen, Schwofen.
Sie packten Lampen ein – nur Öl
vergaßen die fünf doofen.

Sie warteten und warteten,
die Zeit begann zu rennen.
Die Jungfrauen, ob klug ob doof,
begannen einzupennen.

Doch plötzlich, da erschall der Ruf:
Auf, auf, der Bräut'gam naht!
Da war bei den fünf Dummen gar
kein Öl am Lampendraht.

Die Klugen sprachen: Party on!
Wir gehen jetzt zum Schunkeln!
Die Doofen hockten mangels Öl
inzwischen voll im Dunkeln.

Sie bettelten die Klugen an,
doch diese sagten: Lauft!
Zum Lampenölhändler jetzt gleich –
auf dass ihr euch Öl kauft!

Sie gingen shoppen, und das dauert
bei manchen Mädels lange …
Als sie zurückkamen, da war
das Fest in vollem Gange.

Durchs Fenster war'n die Klugen schon
am Singen, Tanzen, Lachen.
Die Doofen klopften an die Tür:
Wir wollen auch mitmachen!

Der Bräutigam der wies sie ab:
Ihr kommt nicht rein zum Tanz!
Bei welchen, die so doof wie ihr
endet die Toleranz.

Drum Leute bitte seid nicht doof,
das sag ich auf die Schnelle!
Wer Gottes Fest verpasst, der ist
jetzt wirklich nicht sehr helle.

Ist das das Ende – glaub ich nicht –
Und hör nicht auf zu plappern,
denn als die dummen waren raus
bei Heulen und Zahnklappern.

Da ging die Türe noch mal auf,
der Bräutigam voll Gnade
sprach: Hopp, ihr Doofen, kommt jetzt rein,
denn ohne euch wär's schade!

Sie schauten sich verwundert um
und freuten sich im Warmen.
Der Bräut'gam sprach: Euch hab ich lieb!
Grad euch – die geistig Armen.

Wie in meinem Examen passierte es übrigens noch öfter in meinem Leben: Wenn Panik und die Stürme des Lebens kamen, musste ich ruhig werden, ganz ruhig – sie am besten ignorieren –, und dann wurde alles irgendwie am Ende gut. Don't panic eben – oder sollte ich mir eher einen Aufkleber mit »Was seid ihr so furchtsam? Habt ihr noch keinen Glauben?« wie in der Geschichte von der Sturmstillung aufs Handschuhfach kleben, wenn ich doch schon, wie es auf meinem anderen Autoaufkleber heißt, »unterwegs im Namen des Herrn« bin?

»Don't panic« und »Was seid ihr so furchtsam? Habt ihr noch keinen Glauben?« – meiner Meinung nach bedeutet es das Gleiche. Es gibt Ruhe und Halt, zu wissen, dass wir auf unserem Lebensboot nicht allein unterwegs sind, sondern Jesus mit im Schiff wissen, der uns Kraft schenkt.

Ein Pfarrer, der nichts Besonderes ist

Und so steuerte ich ins Vikariat, der praktischen Vorbereitung auf den Beruf des evangelischen Pfarrers; ich absolvierte es in Hallstadt bei Bamberg. Hier hatte ich eine wunderbare Zeit. Ich hatte eine offene und lockere Mentorin, und bei ihr und ihrem Mann habe ich mir sehr viel abschauen können. So manches, was ich heute immer noch im pastoralen Alltag mache, habe ich von ihnen gelernt. Außerdem haben sie mich nach Jahren der Abstinenz wieder zum Fahrradfahren genötigt – für all das und noch viel mehr bin ich ihnen und ihrer wunderbaren Gemeinde sehr dankbar.

Hier trainierte ich, authentisch zu sein, nichts vorzugeben. Am Anfang spielte ich die Rolle des Pfarrers, aber mit der Zeit wurde ich Hannes, der Pfarrer. Durch den Kontakt mit Menschen und ihren Schicksalsschlägen wurde ich geerdet. Und ich verstand, dass es kein Gegensatz war, wenn man lustig und zugleich ernst sein konnte. So konnte man eine Großmutter ganz seriös beerdigen, aber in der Traueransprache Anekdoten aus ihrem Leben erzählen. Meine Rolle als Pfarrer wurde dadurch die des lustigen Pfarrers. Mit der konnte ich ein bisschen kokettieren.

Weil ich in all den Jahren auch immer weiter Kabarett und Theater gemacht habe merkte ich: Der Pfarrer in mir befruchtet meine Bühnenerlebnisse, und die Bühne gibt mir als Pfarrer eine gewisse Leichtigkeit und Lockerheit. Da wären wir wieder bei der Rampensau. Ich bin davon überzeugt, dass ganz viele Pfarrerinnen und Pfarrer eine solche Rampensau sind, ganz vorn dran sein wollen. Aber es ist ein Tabu, darüber zu reden.

Pfarrer, so wird allgemein angenommen, sollen zurückhaltend sein und sich nicht in den Vordergrund stellen. Aber durch den Beruf steht man automatisch im Fokus.

Es ist sinnvoll, sich das bewusst und das Beste daraus zu machen, jeder und jede auf seine oder ihre ganz persönliche Art und Weise. Es ist nicht nur eine Rolle, die man als Pfarrerin oder Pfarrer spielt, man selbst, als Person, ist Pfarrerin oder Pfarrer. Hat man sich das klargemacht, ist man auch glaubwürdig.

Und dann war das Vikariat vorbei. Nun sollte ich meine erste Pfarrstelle antreten, was war ich aufgeregt, nach über zehn Jahren hatte ich meine Ausbildung abgeschlossen. Mittags aß ich am Tag meiner Ordination zur Feier des Tages Schäuferla, ein fränkisches Nationalgericht – und biss mir dabei eine Krone raus. Ich musste zum zahnärztlichen Notdienst. Die Krone wollte anscheinend nicht mit zum Pfarrer ordiniert werden.

Dieser Tag der Ordination – die in einem feierlichen Gottesdienst mit vielen Weggefährtinnen und -gefährten als Gast stattfand – hatte aber noch aus einem zweiten Grund etwas ganz Besonderes an sich: Denn meine Beförderung vom Vikar zum Pfarrer – das konnte auch die letzte Beförderung in meinem Leben sein. Die Aufstiegschancen für einen evangelischen Pfarrer sind nämlich nicht besonders toll. Es gibt in Bayern einige wenige Dekanstellen, eine Handvoll Regionalbischöfe und -bischöfinnen und einen Landesbischof. Das war's. Und selbst der Landesbischof ist kein Hohepriester oder Oberhirte, sondern ein Pfarrer unter Pfarrern – nur mit anderen Aufgaben. Also nicht wirklich höherstehend. Für Karrieristen ist der

Pfarrberuf denkbar ungeeignet. Aber verraten Sie's denen bloß nicht.

Sicherlich könnte jetzt jemand einwenden: Vielleicht geht's ja für einen Pfarrer auf der Karriereleiter nicht voran, aber auf der Glaubenskarriereleiter, da doch sicherlich. Auf der Treppe vor Gott gewissermaßen, da steht er bestimmt weiter oben als der Normalgläubige. Da ist er etwas Besonderes.

Nein, auch das stimmt nicht. Als ich ordiniert wurde, bedeutete das für mich als evangelischen Pfarrer nicht etwa, dass ich in einen neuen Weihestand gehoben wurde. Die Ordination ist nur die ordentliche Berufung in das Amt des Pfarrers. Dabei wird der junge Pfarrer auch gesegnet. Aber eine neue Treppenstufe hoch zu Gott – die wird nicht erklommen.

Es gibt keine Hierarchie vor Gott. Wir alle haben den gleichen Status vor ihm, da steht niemand weiter oben oder weiter unten. Und ein evangelischer Pfarrer ist vor Gott nicht besser oder schlechter. Er hat die Ausbildung und vielleicht das Können, diesen Pfarrberuf auszuüben. Aber das macht ihn nicht zu etwas Besonderem vor Gott oder vor anderen Menschen – und das ist auch gut so.

Einmal war ich im Zug unterwegs durchs eher evangelische Nürnberger Land. Dabei belauschte ich das Gespräch von zwei Männern. Unfreiwillig natürlich, wie so oft im Zug. Die beiden waren anscheinend sehr engagiert in ihrer jeweiligen Kirchengemeinde. Da spitzte ich extra die Ohren. Und dann kam das Gespräch auf ihre Pfarrer. Und da sagte der eine: »Unser Pfarrer is fei nix Besonderes!«

Das brachte mich zum Grübeln: War das vielleicht sogar ein verstecktes Lob? Der Pfarrer dort macht sich zu nichts Besonderem. Er steht mit den Gemeindemitgliedern auf einer Stufe. Er ist einer von ihnen, kann mit ihnen reden, spricht ihre Sprache.

Aber als schließlich der andere Gesprächspartner sagte: »Unser Pfarrer is fei auch nix Besonderes«, da hatte es dann doch einen eindeutig negativen Beiklang. Zunächst einmal bedeutete das für den Mann wohl, dass dieser Pfarrer anscheinend nichts besonders gut konnte. Und gleichzeitig hörte ich raus: Kann ein Pfarrer, der nix Besonderes ist, wirklich ein guter Pfarrer sein? Kann der wirklich ein *richtiger* Pfarrer sein?

Als Jugendlicher war ich immer überzeugt, dass ein Pfarrer jemand ganz Besonderes sein musste. Denn ich war der Meinung: Wir brauchen jemanden ganz Besonderen, der unsere Gemeinde leitet und für sie steht, jemanden, der vor Gott stellvertretend für uns eintritt, für uns auch mal mitbetet, wenn wir nicht dazu kommen, der uns vor Gott repräsentiert. Und das erfordert natürlich jemanden, der in seinem Leben und Sprechen ganz besonders ist. Ich war dann immer überrascht, wenn ich Pfarrer beim Einkaufen oder im Wirtshaus gesehen habe.

Im Predigerseminar hatten Vikarskolleginnen und -kollegen erzählt, dass manche ihrer Gemeindemitglieder richtig enttäuscht waren, wenn evangelischen Pfarrer völlig normal leben, sich normal anziehen, normale Beziehungen führen und manche von ihnen sogar geschieden sind! Ganz normal eben wie viele ihrer Gemeindemitglieder.

Die katholischen Pfarrer, ja, die haben immerhin ihre Hierarchie und ihren Zölibat. Das macht sie besonders. Manche Mitvikarinnen und -vikare hatten dann von einem neidvollen Blick berichtet. Rüber zur katholischen Kirche, deren farbenfrohe und unverheiratete Amtsträger noch richtige Priester sind, im 21. Jahrhundert manchmal wie Relikte aus vergangenen Zeiten wirken und dadurch ganz besonders sind. Ich beneide sie nicht. Und ich kenne einige katholische Priester, die wegen ihres zölibatären »Dornenvögel«-Nimbus sogenannte

Kanzelschwalben um sich scharen – und dabei immer wieder professionelle Distanz einfordern müssen, wenn ihnen diese Damen zu nahe kommen. Andere wiederum ... aber das geht uns eigentlich nichts an!

Den beiden Zugfahrern konnte ich nur zustimmen: »Unsere evangelischen Pfarrer sind alle nix Besonderes.« Und das ist gut so. Und das ist auch ganz richtig so. Es ist nämlich schon in den Anfängen des Christentums angelegt, dass Pfarrer nichts Besonderes sind und auch nichts Besonderes sein sollen. Die Menschen, die Jesus sich als seine Jünger suchte, waren ebenfalls nix Besonderes. Jesus umgab sich mit ganz normalen Menschen mit ganz normalen Leben. Darunter waren Sünder und Ehebrecherinnen. Reiche Jünglinge und Zöllner. Und sogar ein feiger Fischer, der ihn schließlich verleugnete. Menschen, die an ihn glaubten, und Menschen, die an ihm zweifelten. Ganz normale Menschen. Aber ein Priester – ein vor Gott und den Menschen ganz Besonderer – war nicht darunter. Nicht, dass es die damals nicht gegeben hätte. Damals, im Judentum vor zweitausend Jahren, gab es sogar noch *richtige Priester*. Die waren tatsächlich etwas *ganz Besonderes* im Vergleich zum normalen Volk. Diese Priester mussten zum Beispiel bestimmte Reinheitsvorschriften einhalten. Sie hatten nämlich eine besondere Aufgabe: Sie sollten Gott besänftigen, Gott huldigen, Gott opfern und dadurch Gott mit den Menschen versöhnen. Sie waren gewissermaßen die Vermittler der Menschen mit Gott. Und im Gegensatz zur evangelischen Kirche in Bayern gab es unter *diesen* Priestern tatsächlich Aufstiegschancen, ja sogar eine richtige Priesterhierarchie.

Es existierten auch Oberpriester, die deutlich höher standen. Und der alleroberste Priester war der Hohepriester. Dass der ziemlich besonders war, auf der Treppe Gott am nächsten, das konnte man sogar sehen: Der Hohepriester durfte einmal im

Jahr das Allerheiligste betreten, den Ort des Tempels, an dem früher die Bundeslade stand und an dem Gott angeblich dauerpräsent war.

Aber dadurch, dass dieser Hohepriester für diesen Dienst extrem rein sein musste, gab es für ihn noch weitere Vorschriften: Er durfte mit keiner Leiche in Berührung kommen, kein Sterbehaus betreten, nicht einmal in einem Leichenzug mitgehen. Ja, da würden die Gemeindemitglieder schon komisch schauen, würde der Pfarrer beim nächsten Trauergespräch verkünden, er dürfe an der Beerdigung nicht teilnehmen, weil er seine Reinheit gefährden würde.

Was hat sich geändert in den letzten zweitausend Jahren? Was ist anders, sodass wir heute der Überzeugung sind, dass wir keine Priester und vor allem keinen solchen Hohepriester mehr brauchen? Weil wir niemanden nötig haben, der uns mit Gott versöhnt. Das ist schon geleistet. Durch Jesus Christus. Dadurch hat er alle Priester, die die Menschen mit Gott versöhnen wollen, überflüssig gemacht. Wir selbst sind, wie Martin Luther gesagt hat, die Priester, Bischöfe und Päpste, die mit Gott sprechen können.

Sind wir doch lieber froh, dass eine Pfarrerin und ein Pfarrer ganz normal sein dürfen. Dass sie jemand von uns sein können, die mit anpacken und unsere Sorgen nachvollziehen und uns helfen können. Nein, es braucht niemanden mehr als Mittler zwischen Gott und Mensch als Jesus Christus allein.

Pfarrer sind ganz normale Leute.

Früher war das vielleicht anders: Da wachte der brave lutherische Pfarrer über seine Gemeinde, im schwarzen Anzug und mit strengem Blick, wenn er nicht gerade von der Kanzel herab an die Verführbarkeit der Menschen und die Vergänglichkeit alles Irdischen erinnerte. Die Bibel und fromme Schriften lesend rauchte er seine Pfeife. Am Samstag schrieb er in größter Ruhe seine Predigt für den kommenden Tag; die Kinder und die Ehefrau hatten zu kuschen. Mag dieses verknöcherte, biedere Bild noch bis in die 1950er-Jahre hinein gestimmt haben (und womöglich gibt es tatsächlich noch vereinzelte Pfarrer, die so sind, aber die haben dann auf jeden Fall Museumswert), inzwischen hat sich die Lage komplett verändert. Spätestens mit der Einführung der Frauenordination in den 1970er-Jahren in Bayern, also der Gleichstellung der Frauen und damit der Zulassung zu allen geistlichen Ämtern in unserer Landeskirche. Das hat in den seitdem vergangenen fünfundvierzig Jahren eine Menge aufgelockert. Inzwischen gibt es so viele junge, wilde Pfarrerinnen und Pfarrer, die keinem Pfarrersklischee mehr entsprechen und auch in keine Schubladen einzuordnen sind, die tätowiert und gepierct sind, bunte Haare haben, schwul oder lesbisch verheiratet, geschieden sind oder in Patchwork-Familien leben. Da hat sich einfach viel geändert – optisch (Brille, Bart, Platte, Bauch) und vom Familienstand her (verheiratet), gehöre ich neben ihnen fast schon zu den Langweilern.

Als ein Kollege von mir, der sich in einer solchen Patchwork-Situation befindet, nach Bayreuth wechselte, schrieb die Lokalzeitung: »Endlich mal ein normaler Pfarrer«. Was muss man denn machen, dachte ich, um ein normaler Pfarrer zu werden? Ist ein normaler Pfarrer nicht jemand, der einfach im Leben angekommen ist? Wenn es so ist, dann kenne ich fast nur normale Pfarrer. Dazu noch eine Anekdote: Ich komme zu einem Geburtstagsbesuch, und die Jubilarin sagt zur Geburtstagsgesellschaft: »Des is unser Herr Pfarrer! Der is net so wie a richtiger Pfarrer, sondern ganz normal.«

Irgendwann einmal schrieb ich ein Lied darüber und habe all das dabei verarbeitet: »Ja, so ein Pfarrer ist auch bloß ein

Mensch!« Darin heißt es (auf Hochdeutsch, das Lied ist ursprünglich auf Fränkisch und reimt sich da auch):

Was, Sie mähen Rasen?
Was, Sie schippen Schnee?
Was, Sie nervt auch üble Nachrede?
Was, du hast Zweifel?
Was, du bist leer?
Was, du drehst dich im Bett oft hin und her?
Und bist enttäuscht von jedem Austritt, den du kennst?
Ja, so ein Pfarrer ist auch bloß ein Mensch!
Was, du hast Hoffnung, wo kein anderer sie sieht?
Was, du siehst auch, wenn es ganz dunkel ist, Licht?
Und du glaubst trotzdem an Liebe und Freud?
Ja so sind Sie, so bleiben sie, die Pfarrersleut!

Jetzt haben Sie vermutlich eine Frage: Wozu brauchen wir denn überhaupt noch einen Pfarrer, wenn wir dank Jesus keinen Mittler mehr zu Gott benötigen? Wenn wir doch alle Priester sind?

Das ist eine berechtigte Frage. Dazu möchte ich noch einmal Martin Luther zu Wort kommen lassen. Der hat gesagt: »Alle Christen sind Priester, aber nicht alle sind Pfarrer.«

Immer wieder habe ich erlebt, wie wichtig es ist, dass es Pfarrerinnen und Pfarrer gibt, die kranke und bedürftige Menschen begleiten und ihnen aus dem Glauben Trost zusprechen können. Und die auch für alle anderen da sind, wenn diese Hilfe brauchen. Außerdem sind sie nötig, um das Wort Gottes zu verkünden und die Sakramente zu verwalten, also zu taufen und das Abendmahl einzusetzen. Das soll aber nicht heißen, dass in der Kirche nur die Pfarrer sprechen oder nur sie die Kranken besuchen und mit ihnen beten dürfen. Aber sie sollten durch ihre Ausbildung auf jeden Fall dazu fähig sein. Denn dafür haben wir nun einmal Theologie studiert. Um Menschen zu begleiten und ihnen von Gott und dem Glauben zu erzählen. Das heißt nicht, dass wir besonders sind, höchstens – wie auch Menschen in anderen kirchlichen Berufen – besonders ausgebildet.

Pfarrer sollten für eine gewisse »Grundabdeckung« da sein und dabei von ihrer Gemeinde unterstützt werden. Inzwischen gibt es – leider – immer weniger Menschen, die diesen Beruf ausüben wollen. Aber das eröffnet den Menschen in den Gemeinden die Chance, ihre Gaben und Begabungen zu entdecken und mitzuarbeiten.

Dazu habe ich einmal eine tolle Fabel gefunden, leider weiß ich nicht mehr, wo. Sie geht folgendermaßen:

Es gibt Ärger im Werkzeugkasten!
Eines Morgens versammeln sich die Werkzeuge einer Schreinerei zu einer Sitzung. Bruder Hammer führt den Vorsitz. Doch auch das ist sehr umstritten – einige waren schon seit längerer Zeit mit ihm sehr unzufrieden. Sie verlangen, dass er die Werkstatt verlässt. Als Grund geben sie an, dass er viel zu lautstark und unsensibel ist.
Bruder Hammer lässt sich das nicht gefallen. Er entgegnet darauf – natürlich in gewohnter Lautstärke: »Also, wenn ich gehen soll, dann muss Schwester Schraubenzieher erst recht unsere Gemeinschaft verlassen! Es ist ja nicht mehr auszuhalten, wie sie sich ständig um sich selbst dreht.«
Schwester Schraubenzieher kontert: »Na ja, ich kann ja gerne gehen. Aber dann sollte auch Bruder Zollstock aus-

geschlossen werden. Immer versucht er, alle mit seinem Maßstab zu messen. Nie lässt er andere einfach so stehen!«

Bruder Zollstock brummelt vor sich hin: »Viel dringender als ich muss Schwester Schleifpapier fort! Mit ihrer rauen und kratzbürstigen Art bringt sie doch jeden zur Verzweiflung!«

Mit beleidigter Miene meint Schwester Schleifpapier: »Also, wenn wir schon am Abrechnen sind, dann muss auch Bruder Säge verschwinden. Mit seiner scharfen Zunge richtet er nichts als Zertrennung an!«

Doch mitten in dieser erregten Diskussion geht plötzlich die Tür auf. Herein kommt der Zimmermann von Nazareth. Er zieht sich seine Arbeitsschürze an und gebraucht die vielen Werkzeuge.

Als am Ende des Tages der Zimmermann die Werkstatt verlässt, erhebt zögerlich Bruder Hammer noch einmal seine Stimme: »Liebe Mitwerkzeuge! Ich glaube, wir können unsere Diskussion ganz schnell wieder vergessen. Wir gehören zusammen, denn wir sind alle Werkzeuge in der Hand unseres Meisters.«

Menschen sind völlig unterschiedlich, haben alle unterschiedliche Talente und einen unterschiedlichen Charakter. Jeder Mensch in einer Gemeinde hat ganz individuelle Gaben und Fähigkeiten. Es scheint vielleicht etwas plump, unsere Begabungen mit Werkzeugen zu vergleichen, denn Werkzeuge haben normalerweise keinen anderen Zweck als den, zu dem sie geschaffen sind. Andererseits ist da schon etwas dran: Jeder und jede von uns hat Gaben oder Talente, die nur er oder sie so kann. Einmalig auf der ganzen Welt. Besondere Gaben und

Begabungen, die ich in meinen bisherigen Gemeinden schon erleben durfte.

Da gibt es Menschen, die die Gabe haben, besonders gut etwas organisieren zu können, das zeigt sich bei vielen kleinen Veranstaltungen der Gemeinde, sei es dem Kirchenkaffee oder dem Seniorenkreis. Dann gibt es andere, die Geschichten gut vorlesen oder erzählen können – und dadurch Kindern eine Freude machen und ihnen die biblischen Geschichten nahebringen. Andere sind besonders fähig, Jugendliche zu begeistern und ihnen Halt in ihrer manchmal problematischen Lebensphase zu geben. Manche verstehen es, einfühlsam mit Alten und kranken Menschen umzugehen und ihnen geduldig zuzuhören. Sie haben für sie stets ein tröstendes Wort parat. Und wieder andere backen hervorragende Kuchen und helfen, Leib und Seele zusammenzuhalten und dadurch die Gemeinschaft zu stärken.

An der Fabel vom Streit im Werkzeugkasten habe ich noch mehr entdeckt: Es geht auch um Begabungen, die andere gar nicht als Begabung erkennen. Oder die sie sogar ziemlich negativ einordnen würden. Ich denke da an Schwester Schleifpapier, die mit ihrer rauen und kratzbürstigen Art die anderen Werkzeuge anstrengt. Aber sie schafft es dadurch, an der Oberfläche zu kratzen und zu tieferen Schichten vorzudringen. Ja, auch solche Begabungen gibt es, die wir zunächst als Mängel sehen würden: Menschen wie Schwester Schleifpapier. Die mit ihrer für andere oft anstrengenden und nervigen Art immer nachfragen, so wie Inspektor Columbo aus der US-amerikanischen Fernsehserie *Columbo* immer noch eine Frage haben – und dadurch Fehler und Mängel an der Oberfläche aufdecken und in die Tiefe gehen.

Und was ist eigentlich mit denen, die aus Alter und Krankheit gar nichts mehr tun können? Die ihre Begabungen gar nicht zeigen können, weil sie zu alt sind oder zu krank? Zunächst einmal zurück auf die Ebene der Fabel: Manchmal sind gerade die alten Werkzeuge für die Ewigkeit gemacht und oft besser und zuverlässiger als das moderne Zeug. Und zweitens: Ich habe zwei Beispiele aus dem Seniorenheim dabei: Eine Frau entdeckte ihre Freude am Mandala-Malen – das sind so meditative Ausmalbilder. Und diese wurden so schön, dass sie sie anderen schenkte und damit eine Freude bereitete. Manchmal findet man eine Begabung erst sehr spät. Eine andere, bettlägerige Frau erzählte mir so begeisternd und aufwühlend von ihrem Glauben, dass es mich tief beeindruckte …

Und selbst wenn wir einmal nicht können. Wenn wir uns zu alt oder zu krank fühlen für unsere Begabungen. Dann bleibt festzuhalten: Niemand zwingt uns dazu, unsere Begabungen einzusetzen. Jeder von uns hat besondere Talente und Begabungen – egal, ob wir davon wissen, und egal, ob sie sich irgendwann einmal zeigen. Das ist die Zusage. Dadurch ist jeder von uns besonders.

Mach das, was du besonders gut kannst und was dir Freude bereitet – und lass aber auch das sein, wozu du kein Talent hast. Ärgere nicht dich und andere damit, an etwas zu verzweifeln, was du einfach nicht kannst. Der Hammer kann nicht sägen, und die Säge kann keine Schraube reindrehen. Wenn man es versucht, macht man dieses Werkzeug kaputt und bekommt überhaupt nichts hin.

Es ist eine Entlastung: Wir – Menschen in der Gemeinde und auch Pfarrerinnen und Pfarrer – müssen nicht alles können. Wir müssen nicht zu diesem legendären Wolpertinger werden, von dem man so oft hört: diese eierlegende Wollmilchsau, die alles kann.

In einem Sketch habe ich einmal dieses Bedürfnis, dass ein Pfarrer alles können muss, karikiert. Da bin ich mit einem Riesenschnurrbart als Bastelkönig Jean Pütz aufgetreten und habe zu meinem Text im rheinischen Dialekt diverse Gegenstände in eine Kiste gehauen:

Heute basteln wir uns einen Pfarrer oder eine Pfarrerin. Das ist gar nicht schwer, wenn man ein paar einfache Regeln beachtet. Was braucht so eine Pfarrerin oder ein Pfarrer?
Zunächst braucht so ein Pfarrer ein ganz großes Herz, wo Platz ist für die Sorgen und Nöte von allen, vom Kleinkind bis zur Großmutter.
Dann braucht so ein Pfarrer ein großes Ohr, wo alle ihre Sorgen hineinreden können.
Was so ein Pfarrer nicht braucht, sind Geschlechtsorgane, das lenkt den eher ab ... das hat die katholische Kirche ganz richtig erkannt.
Aber eine große Leber braucht er, um alle Feiern zu überstehen, von der Einweihung bis zum fünfundachtzigsten Geburtstag.
Dazu braucht er auch einen großen Magen.
Dann braucht so ein Pfarrer Antennen, um die Gefühle von allen genau auszuloten und sämtliche Befindlichkeiten genau zu empfangen.
Außerdem braucht er eine laute Stimme, damit er überall gehört werden kann, von der lauten Schulklasse bis zur schwerhörigen Oma.
Und der Pfarrer braucht ein Rückgrat, um dem standzuhalten, was die Leute von ihm wollen. Damit er sagen kann wie der Luther: Hier stehe ich, ich kann nicht anders.
Er braucht auch ein dickes Fell, denn dann macht es ihm gar nichts aus, wenn die Gemeinde wieder bös über ihn

redet. Deswegen haben viele Pfarrer auch Haare auf dem Rücken.
Die Pfarrerin oder der Pfarrer braucht ebenso ein großes Gebiss, dann kann er die wegbeißen, die ihm Böses wollen. Und es gibt sogar Pfarrer und Pfarrerinnen, die haben Haare auf den Zähnen.
Und dann haben wir hier noch ein paar Sachen, die kann ein Pfarrer haben, die muss er aber nicht haben:
Zum Beispiel ein Gehirn, um mit Sachverstand die Gemeinde zu leiten und allen schlaue Tipps zu geben.
Aber es gibt auch Pfarrer ohne Hirn.
Dann haben wir hier ein Täubchen, dat is der Heilige Geist, dat braucht so ein Pfarrer, um auch ma wat Frommes zu sagen. Aber es gibt auch Pfarrer ohne Geist.
So, jetzt schütteln wir das alles gut durch.
Hoffen wa mal, dat dat alles gut funktioniert.
Oh, da hab isch anscheinend einen Fehler gemacht …
Da kommt kein Pfarrer oder keine Pfarrerin raus, sondern eine eierlegende Wollmilchsau!
Ich schau mir das noch mal genau an, nächste Woche brauchen wir dann viel Wind, heiße Luft und ein paar eitle Gockel, denn da basteln wir uns eine Synode!

Das gab immer ein Riesengelächter, schon allein, weil Jean Pütz schön zu karikieren ist.

Aber in unserer Geschichte und der Realität gilt: Vertrauen wir auf Gott, der sicher einen Bauplan für uns hat und mit uns Werkzeugen fleißig baut, selbst wenn wir es gar nicht mitbekommen. Wir merken höchstens, wie wichtig alle Talente sind, damit wir gemeinsam etwas bewirken können. Aufgabe der

Pfarrerin und des Pfarrers in der Gemeinde sollte sein, auf diesen Bauplan Gottes hinzuweisen und, wenn möglich, ein Händchen dafür zu entwickeln, wie diese Talente einsetzbar sind.

Ich finde es im Vergleich interessant, dass all diese Qualitäten, die den Pfarrberuf heute ausmachen, beim jüdischen Hohepriester – um noch einmal auf den zurückzukommen – nicht zu finden waren: für die Menschen da zu sein, sie zu motivieren und anzuleiten und ihnen Gottes Wort zuzusprechen. Der Hohepriester war nur für Gott da, war nur in der Sphäre Gottes – ganz besonders und unnahbar für die Menschen. Die Pfarrerin oder der Pfarrer ist dadurch, dass er nichts Besonderes ist, direkt bei den Menschen – und bringt ihnen dadurch Gott besonders nah.

Wir sind alle gleich vor Gott, keiner weiter oben, keiner weiter unten. Aber ich glaube, Gott würde nie sagen: »Meine Menschen, die sind fei nix Besonderes!« Ich glaube, Gott würde sagen: »Meine Menschen, da ist fei jeder auf seine Art was Besonderes!«

Mit diesem Gedanken trat ich dann meine erste Pfarrstelle 2010 im heimischen Bayreuth an. Hier war ich aufgewachsen, hier hatte ich Abitur gemacht – die fränkische Seele war mir vertraut (der Oberfranke gilt als maulfaul und störrisch und womöglich als etwas unfreundlich, aber das ist ein völliger Unsinn: Er hat ein Herz aus Gold und eine teilweise herausragende Eloquenz). Dennoch hatte ich eine gewisse Angst, denn: Was zählt der Prophet im eigenen Land? Was dachten die Menschen von mir? Ich war früher mit ihren Kindern oder Enkeln in die Disco oder in die Kneipe gegangen, hatte Theater gespielt – da konnte schon einiges die Runde gemacht haben. Aber meine Sorgen waren unbegründet, ich wurde sofort akzeptiert. Als Erwachsener und als Pfarrer, ohne Wenn und Aber. Ein Dreivierteljahr betrat ich auch kein einziges Bühnenbrett, denn ich wollte als seriös, als Respektsperson angenommen werden und nicht als Kabarettist oder Komiker.

In meiner Findungsphase als Pfarrer lief ich auch fast immer in Anzug und mit Krawatte herum, und selbst privat trug ich fast nur schwarz. Bin ich jetzt privat unterwegs, laufe ich in Hoodies und mit Schiebermütze herum. Ich muss mein Pfarrersein nicht mehr über Kleidung transportieren. Inzwischen gibt es einen neuen Trend unter Kolleginnen und Kollegen, wieder Kollarhemden zu tragen – also diesen weißen Priesterkragen. Ich konnte mich dafür nie erwärmen, denn dadurch macht man sich ja doch wieder zu etwas Besonderem.

Ich kam auch in eine Gemeinde rein, die in einer gewissen Weise auf ungewöhnliche Pfarrpersonen vorbereitet war. Sie hatte immerhin schon zwei geschiedene und in ihren Ansichten moderne und aufgeschlossene Pfarrer gehabt – nicht dass ich geschieden war, aber Humorist und Kabarettist. Bayreuth ist eine eher liberale Universitätsstadt, in einem konservativen Dorf in der Fremde hätte ich vielleicht zunächst Schwierigkeiten bekommen. Aber wahrscheinlich hätte ich es auch dort geschafft, denn selbst in konservativen Ecken wollen die Menschen lachen, wie ich später bei Kabarettauftritten zum Beispiel im pietistischen Schwaben erfahren durfte.

Das Lachen fiel in »meiner« neuen Kirche auch leichter, weil die Katharina-von-Bora-Kirche im Bayreuther Stadtteil Meyernberg eine moderne, helle, warme Kirche ist, keine Bänke hat, sondern Stühle, und erst 2007 eingeweiht wurde. In einer traditionellen und sehr großen Kirche, wo eventuell noch ein leidender Christus hinter dem Altar am Kreuz hängt, fällt das Lachen schwerer. Verständlich. Wie soll man wirklich fröhlich lachen, wenn im Hintergrund einer hängt und stirbt?

Es gibt wirklich furchtbare Christusdarstellungen. Als Kind

erinnere ich mich noch an ein Lokal, das meine Eltern gern aufsuchten. Direkt gegenüber vom Eingang des Restaurants war ein blutüberströmter Christus angebracht. Ich fand das grauenhaft und konnte nicht hinsehen. Inzwischen habe ich meinen theologischen Umgang mit dem Karfreitagsgeschehen gefunden. Dadurch, dass Gott selbst in Jesus alles erleidet, zeigt Gott: Mir sind alles Leid und Elend nicht fern. Gott erlebt Schmerz und Angst sogar bis hin zum Gefühl der Gottverlassenheit und ruft: »Mein Gott, warum hast du mich verlassen?«

Das zeigt: Nie sind wir – auch wenn wir uns so fühlen sollten – von Gott verlassen, selbst wenn es in unserem Leben Schmerzen, Elend oder Gottverlassenheit gibt. Denn Gott hat all dies auf sich genommen, um zu zeigen: Nichts trennt euch von mir. Gott versteht uns in allem, was wir durchmachen müssen.

Leere Kreuze gefallen mir dennoch eindeutig besser; sie sind ein Symbol dafür, dass es nicht beim Karfreitag blieb, sondern dass Jesus auferstanden ist.

Die Katharina-von-Bora-Kirche hat selbst, mit ihrem Namen, schon einige Lacher verursacht. Katharina von Bora war eine sächsische Landadlige, die nach ihrer Heirat Katharina Luther hieß, da sie die Ehefrau von Martin Luther war. Weil einige das nicht wissen, verwechseln sie sie mit der polynesischen Insel Bora-Bora – und besuchen mich dann in der Bora-Bora-Kirche.

Vom Glauben, der Erlösung, dem Lachen und dem Vergnügen

Dass in Kirchen gelacht werden darf, ist noch nicht bei allen angekommen. Es gibt eine Geschichte, die je nach Erzählerin oder Erzähler in unterschiedlichen Gegenden verortet wird:

> Anfang des letzten Jahrhunderts war ein alter Bauer einer Landgemeinde krank. Der Pfarrer wollte ihn aufheitern und lieh ihm ein Buch mit Bildergeschichten von Wilhelm Busch. Nach einer Woche besuchte der Pfarrer den Bauern wieder und fragte: »Na, wie hat Ihnen das Buch gefallen?«
> Da sagte der alte Bauer: »Ach, Herr Pfarrer, wenn ich net gewusst hätt, dass des die Heilige Schrift ist, hätt ich fast drüber lachen könna!«

Ob diese Geschichte einen wahren Kern hat, weiß ich nicht – sie wird in vielen Gegenden erzählt. Eine Botschaft hat sie aber: Alles, was von der Pfarrerin oder dem Pfarrer kommt, muss ja was Frommes sein – und darüber darf man dann auf keinen Fall lachen.

Vergnügen und Kirche – stehen die also irgendwo im Gegensatz? Für die Konfis jedenfalls ist Vergnügen sicher nicht das Erste, woran sie beim Gottesdienstbesuch denken … Und wie ist es bei Ihnen? Vergnügen und Kirche? Ist der Glaube eine zu ernste Angelegenheit, als dass damit locker und lustig umgegangen werden darf?

Im Glauben, da geht es ja um ernste und schwere Themen: um Sünde, um Gnade, um Rechtfertigung, um das Erreichen oder Verfehlen eines gelungenen Lebens. Da kann man schon fragen: Wo bleibt denn da das Vergnügen? Wo bleibt denn da die Freude?

Im wohl bekanntesten Text des Kabarettisten und Autors Hanns Dieter Hüsch heißt es in einer Übertragung des 126. Psalms:

Ich bin vergnügt, erlöst, befreit.
Gott nahm in seine Hände meine Zeit,
mein Fühlen, Denken, Hören, Sagen,
mein Triumphieren und Verzagen,
das Elend und die Zärtlichkeit.
Was macht, dass ich so fröhlich bin
im meinem kleinen Reich?
Ich sing und tanze her und hin
vom Kindbett bis zur Leich.
Was macht, dass ich so furchtlos bin
an vielen dunklen Tagen?
Es kommt ein Geist in meinen Sinn,
will mich durchs Leben tragen.
Was macht, dass ich so unbeschwert
und mich kein Trübsinn hält?
Weil mich mein Gott das Lachen lehrt
wohl über alle Welt.

Ich glaube, das Vergnügen und die Freude bringt der mit, auf den wir Christen uns berufen: Jesus. Dass der ein ziemlich vergnügter Mensch war, da bin ich mir sicher. Aus seinem Glauben heraus. Sonst hätten die Evangelisten sicher keine Geschichten von ihm überliefert wie die von der Hochzeit zu Kana, in der Wasser in Wein verwandelt wurde, damit weitergefeiert werden konnte. Oder die Evangelisten hätten auch keine so gewitzten Zitate von Jesus überliefert wie: »Was siehst du aber den Splitter in deines Bruders Auge und nimmst nicht wahr den Balken in deinem Auge?« (Matthäus 7,3) Das kennen Sie vermutlich alle schon ewig – aber ist die Vorstellung nicht ziemlich lustig, dass da einer einen kritisiert mit: »Sie ham da fei an Splitter im Aug!« und hat dabei selbst ein Mordsdrum Balken in seinem Sehorgan stecken?

Oder wenn Jesus seinen Kritikern vorwirft: »Ihr blinden Führer, die ihr Mücken aussiebt, aber Kamele verschluckt!« (Matthäus 23,24), dann finde ich dieses Bild lustig, so übertrieben, wie es ist. Wenn man sich das vorstellt: Schriftgelehrte, die penibel Mücken aus ihrem Getränk rausfischen, aber dann aus Versehen ein ganzes Kamel, das sich in ihrem Becher versteckt hat, herunterwürgen. Das ist vielleicht nicht der große Schenkelklopfer, aber durchaus amüsant – geistreicher Humor im wahrsten Sinne des Wortes!

Es gibt also durchaus einige Beispiele dafür, dass Jesus seine Botschaft mit Humor rübergebracht hat – aber das zu akzeptieren fällt manchen schwer. Da wären wir wieder – wie bei Gottesdiensten, Pfarrern und der Kirche insgesamt – bei den Klischees. Mir gibt mein Glaube jedenfalls eine große Freiheit. »Die Welt ist mir ein Lachen«, wie es in einem Osterlied heißt. Ich muss mich, die Welt, die Kirche, überhaupt alles, nicht so ernst nehmen, sondern kann auch das Schwere leichter sehen. Immer gelingt mir das natürlich nicht. Bekomme ich eine schlechte Nachricht, muss ich darüber auch erst mal schlucken. Meistens gelingt es mir aber, schon am nächsten Tag mit einer anderen Perspektive auf das Erfahrene zu schauen, oft sogar mit einem Augenzwinkern. So kann ich dem Ganzen die Schwere nehmen. Mit Humor findet sich vielfach eine neue Zugangsweise, etwas anzunehmen, manchmal ergibt sich so womöglich eine Lösung für ein Problem. Unzählige in Konflikten festgefahrene Konferenzen, so konnte ich mehrfach erleben, wurden durch einen humorvollen Satz aufgelockert. Alle Teilnehmer waren danach wieder motiviert, gemeinsam nach einem Ausweg zu suchen.

Unser Bild von Jesus ist geprägt von vielen Filmen, in denen er große Ernsthaftigkeit und Würde ausstrahlt. Bei diesen Bibelfilmen betritt er einen Raum, und alle werden ganz ruhig. Und spricht der Film-Jesus, redet er meistens auch nicht normal, sondern ganz salbungsvoll und andächtig; zudem schaut er immer so tiefgründig. Diese Filme sind geprägt von zweitausend Jahren Kirchengeschichte, in denen zu vielen Zeiten die Passion und Jesu grausamer Tod am Kreuz überbetont wurden.

Und da passen Vergnüglichkeit und Fröhlichkeit natürlich nicht dazu. Gerade in manchen Ausprägungen des Protestantismus hat sich dieses wenig vergnügte Jesusbild gehalten!

Aber ist es nicht so: Wenn Jesus selbst wahrer Mensch war, dann hat er sicher auch gelacht, dann hat er sicher auch mal einen Witz gemacht, dann war der sicher auch vergnügt. Es wird oft davon berichtet, dass Jesus mit Menschen zusammen gegessen hat – ohne Lachen und ohne Humor wäre das eine ziemlich traurige Veranstaltung gewesen. Das erinnert an manche Familienfeste, bei denen sich diverse Parteien nichts zu sagen haben und stumm vor sich hin mümmeln. Ich kann mir das für Jesus nicht vorstellen: War der irgendwo eingeladen, hat er sich bestimmt auch gefreut, hat gelacht, hat gegessen und getrunken, hat seine Geschichten erzählt und hat gute Laune und Lebensfreude verbreitet.

Oder wenn er mit seinen Anhängern durch die Gegend gewandert ist: Stellen Sie sich so einen Marsch mal ohne Lachen, ohne Singen und ohne Getränke vor, und schon klingt da nichts mehr besonders ausgelassen und erlöst. Wenn ich mit meinen Freunden wandere, sind das die lustigsten Tage im Jahr. Und wenn Jesus und seine Freunde wandern waren, war es sicher oft vergnügt – auch wenn die selbstverständlich nicht auf dem fränkischen Bierwanderweg unterwegs waren!

Erlösung zu verkünden – das bedeutet, nicht ständig in der Kirche eine depressive Stimmung zu verbreiten. Der christliche Humor zieht ja seine Legitimation daraus, dass das Elend hier auf Erden nicht alles ist. Wir haben eine frohe Botschaft! In dieser geht es darum, dass wir geliebt werden, egal, was wir machen und wer wir sind.

Also: Wer sollte sich am Leben freuen, wenn nicht wir Christinnen und Christen? Glauben wir doch, dass wir vergnügt, erlöst und befreit sind, weil Gott uns liebt. Und es liegt schon im Begriff »frohe Botschaft« selbst begründet; zur »frohen Botschaft« gehören natürlich auch der Humor und das Lachen. Aber es muss von innen kommen und kann einem nicht aufgezwungen werden. Dazu eine Anekdote:

Als Kind war ich kein großer Diplomat. Unangenehm wurde es mit mir, wenn ich von meiner Tante zum Geburtstag einen Pullover bekam, obwohl ich mir Spielzeug gewünscht hatte. »Das ist aber ein hübscher Pullover«, sagten die Eltern. »Schau mal, so schön bunt und dazu noch mit der Mickymaus drauf. Zieh ihn mal an.«

Ich wollte den Pullover nicht haben. Wenn schon Pullover, dann hätte ich einen einfarbigen gewollt und auch nicht einen mit einer Mickymaus. Ich war ja kein Baby mehr. Doch meine Eltern waren davon überzeugt, dass der Pullover schön war und ich ihn anziehen sollte.

Ich weigerte mich. Ich wurde bockig. Langsam schlug die Stimmung um. Richtig brenzlig wurde es, wenn der Satz fiel: »Jetzt freu dich halt amoll!« Natürlich ließ ich mir nicht sagen, wann und worüber ich mich zu freuen hatte. Ich ließ mir Freude nicht befehlen.

Noch einmal, bedrohlicher: »Jetzt freu dich endlich amoll!«

Ich freute mich nicht.

Dann war neben der Freude oft auch noch der Frieden dahin.

Als Erwachsener geht man diplomatischer mit ungewollten Geschenken um. Meistens freue ich mich darüber, dass der oder die Schenkende an mich gedacht hat – auch wenn mir das Geschenk nicht so gefällt. Das heißt aber nicht, dass ich mich nur freuen kann, wenn das von mir erwartet wird. Es gibt immer noch genug Sachen, an denen ich keine Freude habe, obwohl sie anderen gefallen. Es gibt weiterhin – im übertragenen Sinn – Pullover, die ich nicht anziehen kann und will.

Freude kann man nicht erzwingen! Freude ist spontan und unmittelbar, ein Gefühlsausdruck. Der Apostel Paulus schreibt: »Freuet euch in dem Herrn allewege, und abermals sage ich: Freuet euch!« (Philipper 4,4) Das ist übrigens mein Konfirmationsspruch, den ich mir damals selbst aussuchen durfte und an dem ich tatsächlich oft Freude habe. Aber auch der erinnert an mein kindheitliches Pullovertrauma, auch hier sagt einer, dass ich mich freuen soll. Selbst wenn es der Apostel Paulus persönlich ist. Freude lässt sich nicht befehlen.

Es gibt bestimmt genug Menschen, denen dieses »Freuet euch!« aufgesetzt und gezwungen in den Ohren klingt. Menschen, die gerade gar keinen Grund zum Freuen haben, weil sie Dinge erlebt haben, die ihnen die Freude genommen haben. Aber Paulus ignoriert das Leid nicht. Er verspricht uns eine Freude, die er in seiner dunkelsten Stunde erlebt und erfahren hat.

Als er diese Worte aus dem Philipperbrief schreibt, sitzt er vermutlich im Gefängnis. Er ist eingesperrt, weil er von Jesus gepredigt hat. Und er hat sogar mit dem Todesurteil zu rechnen. In diesem trostlosen, engen und finsteren Gefängnis schreibt Paulus an die Gemeinde in Philippi einen ermutigenden und liebevollen Brief. Mit diesen Worten: »Freuet euch in dem Herrn allewege, und abermals sage ich: Freuet euch!«

In der Haft kann Paulus sich also trotz seiner Situation, trotz seines Leids freuen. Und die Freude, die Paulus da verkündet, hat einen Grund: Er schreibt: »Freuet euch *in dem Herrn* allewege … Denn der Herr ist nah!« Dieser Vers wird auch als Predigttext im Advent genommen. Denn das Weihnachtsfest zeigt uns alljährlich: In diesem Kind Jesus ist Gott uns ganz nah gekommen. Er ist ein Mensch geworden. Wie mit einem Bruder, einer Schwester oder einem guten Freund können wir mit Gott sprechen. Gott begleitet uns, ist uns nah in unserem ganzen Leben. Diese Freude tröstet Paulus in seinem Leid. Diese Freude erreicht ihn, obwohl er nach außen hin keinen rechten Grund zum Freuen hat.

Und ich merke: Das ist eine Freude, die auch mich anstecken kann. Gerade, wenn es mir schlecht geht. Das ist ein Pullover, den ich anziehen kann, obwohl mir gar nicht nach Freude ist.

Diese Freude, die uns Paulus verspricht, ist nichts, was wir selbst wirken können. Sie kommt auf uns zu, sie wird uns geschenkt. Wegen dieser Freude, die keineswegs oberflächlich ist, verträgt der Gottesdienst auch Spaß. Ich lache selbst gern und viel, und wenn ich lachende Gesichter sehe, blitzt ein Stück Himmel vor mir auf. Beim Lachen und beim Glauben geht es um Erlösung. Erst einmal ganz irdisch: Erlösung von allem, was mir gerade das Leben schwermacht.

Insofern bin ich absolut der Meinung, dass im Gottesdienst gelacht werden darf, selbst wenn es um ernste Dinge geht. Das Klischee des spaßbefreiten Pfarrers gehört Gott sei Dank der Vergangenheit an. Humor ist etwas Verbindendes. Ich kenne viele witzige Pfarrerinnen, Pfarrer und humorvolle Menschen verschiedener Konfessionen. Und Religionen. Ich habe einmal eine Radiosendung gehört, in der ein christlicher Geistlicher, ein muslimischer Imam und ein jüdischer Rabbiner sich gegenseitig Witze erzählten. Die Witze des Rabbis und des Imams sind mir im Gedächtnis geblieben. Zuerst der Rabbi:

Der Rabbi ist ein passionierter Golfspieler. Leider regnet es die ganze Woche lang ununterbrochen, und so kann er nicht Golf spielen. Doch dann, an einem Sabbatmorgen: wunderschönes Wetter! Wegen des Sabbats darf er aber weder arbeiten noch sich sonst irgendwie sportlich betätigen. Er schaut nochmals aus dem Fenster: einfach perfektes Golfwetter. Kurz darauf steht er auf dem Golfplatz, natürlich getarnt, und zielt auf das Loch.
Im Himmel derweil rennt Moses zu Gott und fragt ihn:
»Herr! Siehst du das? Das darf er doch nicht! Du musst ihn bestrafen!«
»Keine Sorge, Moses, er wird seine Bestrafung erhalten.«
Der Rabbi nimmt unten Schwung und … HOLE IN ONE!

Moses droben ist entsetzt: »Gott, hast du das gesehen! Und wo liegt da denn die Bestrafung?«
Gott: »Wem soll er davon erzählen?«

Da es nichts Schlimmeres gibt, als Witze zu erklären, lasse ich sie einfach so stehen. Jetzt der Imam:

Einen Imam nervt es, dass in seiner Moschee die Schuhe vor dem Betreten der Moschee nicht mehr ausgezogen werden. Er hängt ein Schild auf: »Die Schuhe in der Moschee nicht auszuziehen, ist eine mit dem Ehebruch vergleichbare Sünde!«
Am nächsten Tag hängt ein Schild darunter:
»Hab's probiert, kein Vergleich!«

Und da ich den Witz des christlichen Geistlichen nicht mehr weiß, ergänze ich einfach einen meiner Lieblingswitze:

Ein junger Pfarrer hält Gottesdienst. Und er wünscht sich nichts sehnlicher, als dass in seinem Gottesdienst auch einmal ein Wunder geschieht – dass vielleicht auch jemand Gelähmtes wieder gehen kann oder so. Und tatsächlich, eines Tages, er verabschiedet sich gerade am Kirchenausgang von den Gottesdienstbesuchern, da kommt eine alte Frau zu ihm und sagt: »Herr Pfarrer, dank Ihnen kann ich wieder gehen!«
Der junge Pfarrer beginnt zu strahlen: »Wirklich?«

Da sagt die Frau: »Ja, wirklich. Sie haben so lang gepredigt, jetzt ist mein Bus weg.«

In der Radiosendung hatten die drei Geistlichen jedenfalls einen Riesenspaß, kicherten gemeinsam wie die Schulbuben; und es wäre niemandem eingefallen, dass sich Menschen anderenorts aus Glaubensgründen bekriegen.

Humor ist für vieles eine Lösung – um sich selbst nicht so ernst zu nehmen, Distanz zu bekommen, die eigenen Schwächen zu sehen. Das könnte für den interreligiösen Dialog eine große Chance sein, wenn dieser mit einer humorvollen, selbstironischen Basis stattfinden könnte. Leider erlebe ich es aber immer wieder – auch im christlichen Glauben –, dass Menschen sich mit einem unnötigen, verknöcherten Ernst selbst im Weg stehen. Gerade in der Kirche gibt es leider einige Leute, die zum Lachen nicht mal in den Keller gehen …

Dabei ist es ja die frohe Botschaft, die wir im Gottesdienst feiern. Selbstverständlich gibt es im Glauben ernste Themen. Unser Religionsstifter Jesus ist auf grausame Weise gestorben – aber das Evangelium endet ja nicht an dieser Stelle, sondern mit der Auferstehung und der daraus resultierenden Freude. Mein Großvater sagte auf allen Familienfeiern zur Begrüßung: »Es darf gelacht werden.« Eigentlich sollte man das auch in der Kirche sagen: »Ich begrüße herzlich diesen Gottesdienst, es darf auch gelacht werden.«

Bislang habe ich nur zweimal eine negative Rückmeldung bekommen. Einmal mailte mir eine Frau: »Warum überhaupt noch in der Kirche sein, wenn dort so was wie Sie erlaubt ist?« Man glaubt es vermutlich nicht, wenn man mich so sieht und hört – aber mir ging das unwahrscheinlich nahe. Natürlich hätte mein erster Impuls sein können, genauso pampig zurückzuschreiben: »Diese Frage könnte ich Ihnen ebenfalls stellen«, aber das ist nicht meine Art. Nie würde ich so etwas machen. Stattdessen versuchte ich dann, der Verärgerten einfühlsam zu erklären, dass ich hinter allem stehe, auch zu meinen Liedern und Sketchen auf der Bühne. Ich hätte meine Gründe, warum ich manches so oder so verbalisiere. Aber ich sei gerne bereit, darüber zu diskutieren, und keinesfalls sei es mein Ansinnen, mich über den Glauben und die christliche Botschaft lustig zu machen ... Bei dieser Frau zeigte sich dann aber, dass es letztlich nicht um meinen Humor ging, sie hatte andere Probleme. Und so entwickelte sich noch ein seelsorgerlicher E-Mail-Verkehr.

Ein anderes Mal wollte ich einer alten Dame in einem Seniorenheim zu ihrem Geburtstag gratulieren. Sie bat mich nicht in ihr Zimmer, schrieb mir nur, sie sei eine Pfarrerstochter, ihr Vater sei ein ernster und korrekter Mann gewesen, sie hätte mich zwar noch nie im Gottesdienst erlebt, hätte aber in einer Zeitung gelesen, dass ich als Kabarettist auftrete. Daher könne sie mich nicht hereinbitten, ihr Vater würde im Grabe rotieren. Sie könne den Pfarrer und den Kabarettisten einfach nicht zusammenbringen, deswegen wolle sie nicht mit mir reden. Ich konnte nichts machen, sie wollte sich nicht überzeugen lassen.

Dabei mache ich mir viele Gedanken, wie ich etwas formuliere, denn gerade wenn es um ihren Glauben geht, können Menschen sehr empfindlich sein. Leicht fühlen sie sich bei Sachen angefeindet, die überhaupt nicht als Angriff in irgendeiner Form gemeint sind.

Die Bibel ist in Hinsicht Humor nicht gerade das beste Lehrbuch, auch wenn ich glaube, dass die biblischen Personen Humor und Witz hatten. Witziges kommt in der Bibel nur selten vor. Gelacht wird zwar des Öfteren, zum Beispiel tut dies die alte

Sara, als sie mit neunzig Jahren erfährt, dass sie noch ein Kind zur Welt bringen soll (und es dann auch tut!). Oder etwa nach der Rückkehr aus dem Exil, da heißt es: »Da war unser Mund voll Lachen und unsere Zunge voll Jubel.« Aber im Großen und Ganzen gilt für das Lachen in der Bibel das, was folgender Vers aus der biblischen Weisheitsliteratur ausdrückt: »Ein Narr lacht überlaut; ein Weiser lächelt nur ein wenig.« (Jesus Sirach 21,20)

Vermutlich kennen Sie das Buch oder den Film *Der Name der Rose* (wenn nicht, überspringen Sie diesen Satz, ich verrate ein wichtiges Handlungselement), in dem ein alter Mönch die Seiten eines Buchs über das Lachen vergiftet, weil er es für eine Sünde hält: »Das Lachen verzerre das Ebenbild Gottes zu einer Fratze.«

Ehrlich, hätten die biblischen Personen wirklich nie gelacht, sie wären mir sehr unheimlich, wie mir Menschen ohne Humor generell eher unheimlich sind. Und an einen Jesus, der nicht gelacht hat, kann und möchte ich nicht glauben.

Luther sagte: »Wo Glaube ist, ist auch Lachen!« Und da ich davon ausgehe, dass Jesus Glauben gehabt hat, nehme ich an, dass er gelacht hat. Die Kirche hat das Lachen aber lange Zeit unterdrückt: Denn Lachen ist gefährlich. Lachen untergräbt die Autorität. Und die Kirche braucht doch Autorität! Wer nichts zu lachen hat, der kommt kleinlaut daher, als armes Sünderlein! Solche sollen zur Kirche …

Als Luther einmal gefragt wurde, was Gott wohl vor der Schöpfung gemacht habe, soll er geantwortet haben: Ruten geschnitzt für die, die solche Fragen stellen! Das ist schon ein gewitzter Umgang mit Glaubensthemen!

Aber selbst die katholische Kirche, gegen die Luther so gewettert hat, war keineswegs eine humorfreie Zone! Unfreiwillig sowieso nicht – aber auch freiwillig! Dort gab es seit dem 14.

Jahrhundert das Osterlachen (das jedes Jahr von Kolleginnen und Kollegen im Ostergottesdienst ausgepackt wird, bei dem ein mehr oder weniger gelungener Witz zum Einsatz kommt). Im Studium habe ich dazu einmal gelesen (leider weiß ich nicht mehr, in welchem kirchenhistorischen Werk): Neben Ball- und Tanzspielen (im Gottesdienst!) scheuten die Priester in ihren derben Schwänken auch vor mehr als eindeutig sexuell konnotierten Anspielungen nicht zurück. Da muss es ja ganz schön abgegangen sein in den Gottesdiensten; das wäre mir dann doch zu viel! Aber Erlösung konnte man sicher auch in diesen Gottesdiensten finden.

Der Theologe Helmut Thielicke hat in seinem Buch über den christlichen Humor mit dem Titel *Das Lachen der Heiligen und Narren* über den Besuch einer afro-amerikanischen Gemeinde in den USA geschrieben: »Wer solche Gottesdienste mitgemacht hat, weiß, wie Heiterkeit, Jubel und Klatschen den emotionalen Überschwang des Osterlachens mindestens erreicht. Den Verfasser, der in solchen Gottesdiensten der schwarzen Gemeinde predigte, hat das über sein schwachbrüstiges Englisch hinausgerissen. Das Lachen der Erlösten überwindet wie in einem Pfingstwunder jene Sprachgrenzen, die beim Turmbau zu Babel gezogen wurden.«

Das Lachen der Erlösten … Dass wir erlöst sind, das glaube ich.

Und wie man da trotzdem noch so verbissen in religiösen Dingen sein kann, das will mir nicht in den Kopf gehen. Ich bin überzeugt, Gott will, dass wir vergnügt und fröhlich sind. Von Gotthold Ephraim Lessing gibt es dieses wunderbare Zitat aus seinem Lustspiel *Minna von Barnhelm*: »Was kann der Schöpfer lieber sehen als ein fröhliches Geschöpf?«

Dass es Menschen gibt, die sich wegen des vermeintlichen

Willens Gottes bekriegen, kann ich nicht begreifen. Gott will sicher nicht, dass sich seine Geschöpfe gegenseitig Schmerzen zufügen – noch dazu *wegen ihm*. Jesus selbst hat mit den strengen Sabbatgeboten aufgeräumt, hat mit dem barmherzigen Samariter in der berühmten Geschichte eine Beispielfigur genommen, die einen anderen Glauben hat als die frommen Juden. Er ist auf Menschen mit anderem Glauben zugegangen und hat sich ganz sicher nicht abgegrenzt. Er war offen, er hat einen Glauben gelebt, in dem es vor allem um die Nächstenliebe ging und dass man sich und den anderen als Gottes geliebtes Kind sieht!

Aber die Christen kommen mir manchmal vor wie die Mitglieder einer Kirchengemeinde in einer Anekdote. In ihr wird über die schwierige Frage diskutiert, ob bei einer Überschwemmung sonntags Rettungsarbeiten getan werden dürfen: Einige Mitglieder des Kirchenvorstands sind dafür, einige dagegen.

Der Pfarrer sagt: »Bedenken Sie bitte, dass auch Christus am Sabbat geheilt hat.«

Da antwortet ihm ein alter Kirchenvorsteher: »Ja, aber war nicht unser Herr Jesus Christus in manchen Punkten etwas zu liberal?«

Ich bin überzeugt, Jesus war ziemlich liberal!

Ich bin überzeugt, er wollte den Menschen begreifbar machen, dass Religion für sie da ist und ihnen guttun soll! Ja, man darf über Religion lachen! Religion mit all ihren Bräuchen, mit ihrem Zinnober und ihrer Tradition ist Menschenwerk.

Gott ist es sicher viel wichtiger, dass man miteinander anständig umgeht, als dass irgendwelche Rache wegen Karikaturen genommen werden soll. Wenn Gott beleidigt wäre wegen ein paar Zeichnungen – meine Güte, dann wäre das ein ziemlich erbärmliches Gottesbild.

Und auch diese Frage nach der Segnung oder Trauung von homosexuellen Ehepaaren: Ich glaube, dass es Gott ziemlich egal ist, neben wem man im Bett liegt, solange man anständig und respektvoll miteinander umgeht und den anderen nicht zum Objekt macht. Es gibt heterosexuelle Ehepaare, wo dies nicht unbedingt gegeben ist. Warum sollten die bevorzugt werden gegenüber einem homosexuellen Paar, das eine treue und lebenslange Beziehung führen möchte?

Aber zurück zum religiösen Humor: Vielleicht sollte man sich manche wirklich derben und nur der Provokation dienenden Späßchen aus Rücksicht auf religiöse Gefühle sparen. Gerade in Sketchsendungen ist manche Attacken auf Glaube und Kirche wirklich platt.

Ich bin überzeugt: Gott will, dass wir glücklich und fröhlich sind – und dazu gehört unbedingt das Lachen. Ich bin mir sicher, er will keine Institutionen und Religionen, die Menschen unterdrücken und einengen – und an deren Grundfesten kann mit Humor schon ordentlich gerüttelt werden.

Den lustigsten und witzigsten Umgang mit dem Glauben erlebe ich übrigens als Religionslehrer in der Schule. Da fehlt noch sämtliche übervorsichtige Rücksichtnahme im Umgang mit Religion und Obrigkeit.

Ich frage: »Was bedeutet das, wenn der Engel in ›Vom Himmel hoch‹ sagt: ›Ich bring euch gute, neue Mär‹?«

Ernst gemeinte Antwort eines Schülers: »Vielleicht Rasenmäher?«

Ich frage: »Wie hieß denn der Garten, wo der Jesus mit seinen Jüngern nach dem letzten Abendmahl hin ist?«

Antwort eines Schülers: »Biergarten?«

Ich frage: »Wie heißt der russische Präsident?«

Antwort eines Schülers: »Pudding.«

Da verliert ein bisweilen Furcht einflößender russischer Regent gleich an Einfluss, und wenn es nur in meinem Hirn ist.

Werdet wie die Kinder, hat Jesus gesagt. Und da meinte er vielleicht auch einen so unverkrampften Umgang mit der Religion.

Ich meine: Wenn Menschen lachen und sich freuen, dann blitzt, ich erwähnte es schon, ein Stück Himmel, ein Stück Erlöst-Sein auf.

»Lachen ohne Anlass ist pure Dämlichkeit« – dieses schöne Zitat von Loriot sage ich manchmal zu kichernden Konfis, bleibe damit aber oft unverstanden. »Lachen ohne Anlass ist pure Dämlichkeit« – das gilt natürlich ebenso für unser christliches Vergnügt-Sein.

Wer angesichts dessen, wie es auf der Welt zugeht und wie viel Elend und Leid es in jedem Menschenleben gibt, vergnügt durch die Gegend rennt, an dessen Geisteszustand könnte man doch durchaus zweifeln, oder? Unser christliches Vergnügt-Sein hat aber seinen Anlass: Wir sind erlöst.

Seit Ostern wissen wir: Der Tod ist besiegt, und danach kommt etwas, auf das wir uns freuen dürfen. Wir müssen keine Angst mehr vor dem Tod und unserer eigenen Endlichkeit haben.

Seit Karfreitag wissen wir: Nichts trennt uns mehr von Gott, auch Sünde und Schuld nicht. Wir müssen keine Sorge darum haben, ob wir Gott oder anderen Menschen genügen können. Wir sind geliebt um unserer selbst willen, weil es uns gibt. Unsere christliche Vergnügtheit ist deshalb sicher keine Dämlichkeit.

Der leidvolle Karfreitag ist nicht das Ende der Geschichte Jesu. Mit dem Karfreitag, mit Passion und Tod war es nicht vorbei. Aber die Passion, das Leid, wird nicht weggelächelt, sondern unsere Erlösung geschieht durch das Leid hindurch und mit dem Leid, so wie der Ostersonntag nicht den Karfreitag aufhebt.

Regelmäßig besuche ich eine alte Frau, die viel mitmachen musste: Aber ähnlich wie Frau L. freut sie sich an den kleinen Dingen. Beim letzten Geburtstagsbesuch sagte sie: »Ach, Herr Pfarrer, wenn ich früh aufwache und es zwickt irgendwo, dann weiß ich wenigstens, dass ich noch lebe.« Und wenn ich sie frage, wie sie das schafft, so munter und fröhlich zu bleiben, antwortet sie: »Ach, ich bin meinem Herrgott dankbar für alles, was ich geschenkt krieg jeden Tag!«

Aber sie vermisst doch bestimmt ihren Mann und ihren Sohn, und dass sie nicht mehr so kann wie früher?

»Ja, scho. Ober gleichzeitig gibt's so viel, über des ma sich immer wieder freuen kann.« Und sie zeigt mir eine Postkarte, die ihr ihre Enkelin gebastelt hat.

»Außerdem bin ich mir sicher, Herr Pfarrer, dass mir uns alle irgendwann wiedersehn.«

Nein, die Vergnügtheit dieser alten Frau ist wirklich keine Dämlichkeit. Ich finde: Sie ist jetzt schon erlöst. Von allem, was sie Schweres mitmachen musste und was sie runterziehen könnte. Von ihren eigenen gesundheitlichen Problemen.

Wenn ich manchmal gefragt werde, wer mein Vorbild im Glauben ist, dann denke ich an diese Frau. Vermutlich profitiere ich von den Besuchen bei ihr wahrscheinlich mehr als sie.

Wer sich umschaut, wird solche Leute immer wieder entdecken: Menschen, die trotz schwerer Schicksalsschläge und eingeschränkten Lebens, trotz gescheiterter Lebenspläne vergnügt und erlöst leben. Sie sind Vorbilder im Glauben.

Der christliche Glaube ist ein »Trotz-Glaube«, trotz des Todes Jesu an Karfreitag kam der Ostermorgen. Die Frau ist vergnügt trotz ihrer schweren Schicksalsschläge. Der Theologe Christoph Blumhardt hat die Christen griffig als »Protestleute gegen den Tod« bezeichnet, als Trotzer gegen den Tod und alles Leid.

Doch so einfach ist das alles leider nicht immer. So eine Einstellung zum Leben zu haben ist nichts Selbstverständliches. Es ist eine Gnade, wie diese alte Frau mit ihrem Schicksal umgeht. Aber es gibt viele andere, denen das nicht so leichtfällt. Es gibt in jedem Leben bestimmt immer wieder Situationen, in denen wir uns eben nicht erlöst, sondern eher runtergezogen fühlen.

Mit den Worten der Seligpreisungen eröffnet Jesus die Bergpredigt in Matthäus 5,1–11. Das Leid wird dort nicht verschwiegen. Aber genau die, die leiden, werden trotzdem seliggepriesen.

Jemanden »seligpreisen« – das ist eine ziemlich altmodische Formulierung. Selig sind heute vielleicht höchstens noch Verliebte, die droben im siebten Himmel schweben. Aber genau das ist im Grunde gemeint. Wer selig ist, ist glücklich, ist vergnügt – erlöst – befreit.

Und wer wird seliggepriesen? Nicht die, die wir für glücklich halten würden. Sondern die geistlich Armen: Das sind die, die von sich selbst denken, sie seien nicht fromm genug. Die selten in den Gottesdienst gehen, in der Liturgie nicht zurechtkommen und deshalb ein schlechtes Gewissen gegenüber ihrem Pfarrer und vielleicht sogar vor Gott haben. Die sich im christlichen Glauben und der Bibel nicht auskennen und denen es peinlich ist, wenn die Pfarrerin zum Geburtstagsbesuch vor der Tür steht. Die aus finanziellen Gründen aus der Kirche ausgetreten sind und sich nicht trauen, das ihren Verwandten zu beichten.

Oder die Leidenden werden seliggepriesen.

Die Sanftmütigen werden glücklich genannt. Aber sind Menschen, die konfliktscheu sind und auf Gewalt verzichten, ja zu gut für diese Welt sind, nicht die, die immer von jedem ausgenutzt werden und oft eins auf den Deckel bekommen?

Jesus sagt, ihr seid zwar geistlich arm, leidend und sanftmütig – aber ihr seid selig. Er setzt andere Maßstäbe, auch er bestätigt diesen Trotzglauben. Er sagt in den Seligpreisungen: Ein vergnügtes Leben und Leid schließen einander nicht aus. Selbst als Leidender oder jemand, der sich nach Gerechtigkeit sehnt, kannst du trotzdem vergnügt sein. Und da treffen sich dann Glaube und Humor. Denn auch der Humor schenkt diese Befreiung von allem, was uns runterziehen will.

Ein Franzose, ein Engländer und ein Deutscher sitzen im Lokal.
Am Nachbartisch sitzt Jesus.
Der Engländer geht hin und sagt: »Jesus, ich habe so Probleme mit meinem Knie!«
Jesus legt die Hand auf, und schwupps sind die Schmerzen weg. Der Engländer hüpft wie ein junges Reh zu seinen Freunden zurück.
Danach geht der Franzose hin und sagt: »Jesus, ich hab so Probleme mit meinem Kreuz!«
Jesus legt die Hand auf, und schwupps sind die Schmerzen weg. Der Franzose geht aufrecht zu seinen Freunden zurück.
Nur der Deutsche mümmelt weiter sein Wiener Schnitzel.
Nachdem Jesus mit dem Essen fertig ist, geht er rüber und fragt den Deutschen: »Mein Sohn, was kann ich für dich tun?«
Darauf der Deutsche: »Hau bloß ab, ich bin noch drei Wochen krankgeschrieben!«

Manche wollen sich nicht helfen lassen. Egal ob man ihnen einen Weg weist, um das Problem zu beenden, sie weigern sich, diese Unterstützung anzunehmen. Sie wollen nicht erreicht werden. Lieber bleiben sie im Leid hocken, klagen über ihr Elend, beschweren sich, statt anzunehmen, dass jemand sie aus dem Jammertal ziehen möchte. Doch wenn man sagen kann: »Bitte, hilf mir« – zu seinen Mitmenschen, oder zu Gott –, so ist das der erste Schritt, um eine Lösung zu finden. Und dann kommt das Vergnügt-Sein irgendwann von ganz allein.

Gottesdienste in Wohnzimmern und Reisebussen

Es gibt eine Frage, die viele Christen sich stellen: Warum soll man überhaupt in den Gottesdienst gehen? Denn Gottesdienst macht in ihren Augen nämlich eher kein Vergnügen.

Dass ich auf diese Frage noch nicht die beste Antwort gefunden habe, sieht man daran, dass meine Kirche sonntags auch nicht voll ist. Obwohl – es gibt auf diese Frage überhaupt keine »beste Antwort«! Denn sie ist falsch gestellt: Man soll überhaupt nicht in den Gottesdienst gehen. Es zwingt uns niemand dazu. Ein Gott, der davon abhängig wäre, dass wir ihn loben und preisen, wäre mir unheimlich. Das wäre ein ganz schöner Narzisst. Gottesdienst ist eine freiwillige Angelegenheit. Das macht den Reiz für mich aus! Wenn ich nicht gerade Mitwirkender bei ihm bin, muss ich auch nichts machen. Ich kann alles einfach geschehen lassen. Man »soll« tatsächlich nichts im Gottesdienst!

Also kann ich höchstens sagen, warum es sich für mich meistens lohnt, in den Gottesdienst zu gehen. Zunächst einmal: Gemeinschaft! Das mag ziemlich banal klingen. Aber es tut gut, mit anderen Menschen etwas zu teilen und gemeinsam etwas zu machen. Und das sage ich als Oberfranke! Wir gelten ja generell als eher maulfaul und menschenscheu. Und trotzdem suchen auch wir Gemeinschaft. Als in der Corona-Krise die Gottesdienste ausfallen mussten, hat es am meisten geschmerzt, dass die Gottesdienstgemeinschaft in der gewohnten Form nicht mehr möglich war.

Im Gottesdienst sind die Besucherinnen und Besucher im Idealfall sogar noch gleich gesinnt. Allerdings nicht so, wie viele glauben, die sich seit Jahren nicht mehr in ihn trauen, weil sie befürchten, sie würden schief angeschaut, weil sie nicht hundertprozentig von dem überzeugt sind, was da gesagt wird. Dabei ist es bei den regelmäßigen Gottesdienstbesuchern nicht anders: Viele glauben nämlich nicht an Wunder, einige nicht an ein Leben nach dem Tod und manche nicht einmal so richtig an Gott. Trotzdem kommen sie zur Gemeinschaft zusammen, weil es ihnen guttut, Gemeinschaft mit Menschen zu erleben. Mit Menschen, die Ruhe suchen und »etwas zum Mitnehmen«. Sie brauchen die Kirche, einen Ort, wo sie kommunizieren können. Einen Ort, der dazu geschaffen wurde und in dem seit Jahrzehnten und womöglich Jahrhunderten Menschen ihren Glauben gelebt haben.

Am Anfang des Christentums haben die Menschen sich auch getroffen, um sich über die Geschichten Jesu auszutauschen. Damals noch ohne Kirchen, in ihren Privathäusern oder Verstecken. Sie haben über ihren Glauben gesprochen und sich somit gegenseitig darin bestärkt. Aber das war nicht alles, sie haben dabei festgestellt: »Ach, dem geht es nicht gut« – und dann haben sie geholfen. Über den Glauben reden und sich gegenseitig helfen, das war ein tiefes Bedürfnis. Das ist in den Gemeinden so geblieben.

Sicher, es gab Eremiten, die in der Wüste, im Wald oder in den Bergen ihre Frömmigkeit lebten. Ich habe höchsten Respekt davor, aber für mich wäre das nichts gewesen. Ich habe das mal probiert – nach meinem Abitur wollte ich mich für eine Woche in unser Wochenendhäuschen zurückziehen, um wie ein Eremit zu leben. Das Ende vom Lied war, dass ich am zweiten Abend meine Vorräte aus Frust aufgefuttert hatte und Freunde anrief, um sie zu fragen, ob sie nicht bitte vorbeikommen könnten.

Ich bin ein Gemeinschaftsmensch, und ich glaube, das sind die meisten: soziale Wesen. Es macht Spaß, sich mit anderen zu treffen und sich in der Gemeinde für andere zu engagieren und über den Glauben zu reden. Denn nur in der Gruppe kann man sich austauschen und sich gegenseitig bei Glaubenszweifeln oder Anfechtungen unterstützen. So half es, wenn in unserem Bibelkreis eine über achtzigjährige Frau sagte, dass sie bei ihrem Glauben Zweifel gehabt hätte. Dass sie durch Tod, Krankheit und andere biografischen Brüche nicht immer gewusst hätte, ob Gott überhaupt existiere. Aber trotz aller tragischen Ereignisse könne sie sagen, dass ihr der Glaube Halt gegeben hätte. Und es sei ein fröhlicher Glaube – trotz der schweren Schicksalsschläge.

So etwas imponierte mir – ich war immer der Jüngste in diesem Bibelkreis gewesen, obwohl ich ihn von Amts wegen als Gemeindepfarrer geleitet hatte –, und es half mir auch bei meinem eigenen Glauben.

Leider kann ich keine Antwort auf die Theodizee-Frage geben, auf die Frage, wieso es Leid auf der Welt gibt, wenn Gott doch allmächtig und gut sein soll. Es gibt in der Theologie- und Philosophiegeschichte viele Lösungsansätze, aber so wirklich kann mich keiner überzeugen. Vielleicht bekomme ich ja eine Antwort, wenn ich vom Schaukelstuhl ins ewige Leben geführt wurde. Aber vielleicht interessiert mich das dann dort gar nicht mehr.

Berührt hat mich dazu einmal die Aussage einer Grundschülerin, die sagte: »So richtig freuen kann ich mich nur, wenn ich mich auch einmal richtig nicht gefreut habe.«

Ich weiß, dass sich Menschen gegenseitig helfen und unterstützen können. Ich selbst habe so immer wieder Kraft und Hoffnung bekommen, wenn es mir ziemlich dreckig ging. Ich erinnere mich noch, als ich in einer solchen eher düsteren Stimmung einen Gottesdienst am Ostersonntag hielt. Da verfing sich während des Gottesdiensts ein Schmetterling in dem Kirchenfenster direkt hinter dem Altarbild. Ich habe das ja schon bei der Geschichte mit Frau L. und der Rettung des Schmetterlings gesagt: Der Schmetterling ist ein urchristliches Symbol der Auferstehung. Wie aus der Raupe nach ihrem vermeintlichen »Sterben« ein Schmetterling wird, so werden auch wir auferstehen. Für mich war das in dieser Situation kein Zufall. Ich unterbrach die aufgeschriebene Predigt und erzählte spontan über Auferstehung, die ich in dem Moment auch irgendwie spürte. Die Gemeinde und ich, wir haben dann gemeinsam den Schmetterling gerettet und behutsam nach draußen getragen, damit er weiterleben konnte. Auch aus diesem Grund liebe ich Gottesdienste. Es passieren Dinge, die so nicht geplant sind, und ich finde es großartig, mit Unvorhergesehenem umzugehen.

Und selbst wenn die Menschen nicht alles im Glaubensbekenntnis mitsprechen können und nicht alles glauben, was ich so erzähle, singen sie vielleicht mit und hören trotzdem zu. »Trotzdem« ist hergeleitet aus dem Verb »trotzen«, dessen Bedeutung darin besteht, dass man im Vertrauen auf seine eigene oder eine andere Kraft Widerstand leistet, den Herausforderungen standhält. Ich mag dieses Wort sehr! Der christliche Glaube ist nämlich, ich erwähnte es schon, ein Trotz-Glaube! Trotz schwerer Schicksalsschläge und eingeschränkter Möglichkeiten, trotz gescheiterter Lebenspläne kommen die Menschen zusammen und singen zum Beispiel von Paul Gerhardt, einem der bedeutendsten Kirchenlieddichter aus dem 17. Jahrhundert:

»Sollt ich meinem Gott nicht singen? Sollt ich ihm nicht dankbar sein?«

Trotz allem, was das Leben schwermacht, gibt es das Hoffen. Trotz des Todes Jesu am Karfreitag kam der Ostermorgen.

Und das ist etwas Schönes im Gottesdienst: gemeinsam trotzen. Der große Schweizer Theologe des letzten Jahrhunderts, Karl Barth, sagte: »Hände zum Gebet falten ist der Anfang eines Aufstandes gegen die Unordnung der Welt.« Gemeinsam ist das natürlich noch besser!

Die Predigt ist zudem weitaus besser als ihr Ruf. Ein paar Beispiele aus meinem diesbezüglichen Alltag: Ich habe schon Predigten mit Handpuppen gehalten, habe einmal einen Brief von einem Engel an die Gemeinde geschrieben und vorgetragen, eine Predigt als biblische Figur gehalten, mich verkleidet, ein Zwiegespräch von der Kanzel mit Gott geführt und vieles mehr. Ideen habe ich mir dazu von vielen kreativen Kolleginnen und Kollegen geholt. Selbst eine ganz normale »Redepredigt« muss nicht zwangsläufig langweilig sein, sondern ist oft rhetorisch ausgefeilt und mit Humor aufgepeppt. Allerdings hören die Predigt immer nur die, die in den Gottesdienst kommen.

Im September 2018 hatte ich eine Fortbildung zum Thema Gottesdienst, und während einer Pause überlegte ich, wie ich als Pfarrer Menschen erreichen kann, die nicht den normalen Gottesdienst besuchen. Die den alten Vorurteilen anhängen, Gottesdienst sei viel zu ernst, nicht modern und langweiliges Gelaber – alles nicht so sexy. Klischees, die sich gegen die Realität gehalten haben. Ich selbst habe bei Kolleginnen und Kollegen viele beschwingte und begeisternde Gottesdienste erlebt, aber auch ganz berührende, die mir reichlich zum Nachdenken und/oder ein Gefühl des Geborgen-Seins für die Woche gegeben haben.

Gut, dachte ich weiter, wenn die Gemeinde nicht zum Pfarrer in die Kirche kommt, dann muss sich der Pfarrer auf den Weg zu seiner Gemeinde machen. Anders gesagt: Wenn der Prophet nicht zum Berg kommt, dann kommt der Berg (ich) zum Propheten beziehungsweise zu den Gemeindemitgliedern ins Wohnzimmer. Also dort, wo sich die Menschen wohlfühlen, in ihren eigenen vier Wänden, mit dem bequemen Sofa, dem IKEA-Sideboard, den Familienfotos. Schließlich hatten sich ja die Urchristen auch nicht in Kirchen getroffen, sondern in Privathäusern. Wohnzimmer-Gottesdienste hatten somit eine über zweitausendjährige Tradition. Also ein uraltes Konzept frisch aufgepeppt, eine perfektere Begründung konnte es gar nicht geben.

Das mit dem Wohnzimmergottesdienst war mir eingefallen, weil Musikerfreunde Konzerte zu Hause bei Leuten gaben. Das ließ sich doch übertragen. Back to the roots. Nur im Gewand des 21. Jahrhunderts. Doch wie erfuhren die Menschen von meinem Vorhaben, wenn sie nicht in die Kirche gingen? Ich konnte ja schlecht bei den Leuten an die Haustür klopfen und sagen: »Guten Tag, ich bin der Pfarrer Schott, ich möchte jetzt bei Ihnen Gottesdienst im Wohnzimmer feiern, machen Sie mal bitte Platz.«

Die erste Reaktion wäre wohl gewesen: »Ist was passiert?« Oder man hätte mir durch die Blume zu verstehen gegeben, dass ich mich schleichen soll.

Die ganze Sache musste ich anders verkaufen. »Wohnzimmergottesdienst« war an und für sich ein guter Begriff: Das klang kuschelig, klang sympathisch, klang nah. Doch um sich dafür zu bewerben, sollte die Hemmschwelle grundsätzlich recht niedrig sein. Am besten wäre es, so malte ich mir alles idealtypisch aus, ich würde dieses Angebot über soziale Medien posten, über Facebook und Instagram. Aber nicht nur: Ich wollte, dass man mir ebenso eine E-Mail schreiben oder mich anrufen konnte. Da ich den Einfall Anfang November hatte und bald der Advent anstand, war anzunehmen, dass die Menschen in dieser Zeit spirituell empfänglicher wären als etwa im Hochsommer. Meine geplante Aktion konnte also eine Chance haben.

Und weil ich nicht zu jedem kommen konnte, der sich möglicherweise meldete, begrenzte ich mein Vorhaben zunächst auf einen Gottesdienst. Später erweiterte ich sie, weil das Interesse so groß war, auf fünf Wohnzimmer, und das Los sollte entscheiden. Eine regionale Begrenzung hatte ich ebenso im Blick: Bayreuth und Umland. Gottlob hatte ich diese Entscheidung getroffen, denn es gab von den fünfzig Bewerbungen eine aus Bottrop. Die Gottesdienste verloste ich bei einem Konzert unseres Duos *Zammgebicht*.

Anfang Dezember suchte ich den ersten Gewinner auf, eine Familie, die noch weitere Verwandte und Nachbarn in ihr Wohnzimmer eingeladen hatte. Vorher hatten wir miteinander telefoniert. In dem Gespräch sagte ich: »Ihr stellt die Musik, ganz egal, ob die aus einem CD-Player kommt oder jemand Gitarre spielt, schmückt auch den Raum, wie es euch passt, um alles andere kümmere ich mich, außer es bestehen thematische Wünsche.«

Die Gastgeber hatten sich viel Mühe bei den Vorbereitungen gegeben, bei meiner Ankunft konnte ich das sofort erkennen. Es gab sogar einen Altar mit kleinen Engelsfiguren, die sie irgendwo im Haus aufgetrieben hatten. Alles hatten sie extra zu diesem Anlass aufgebaut. Dazu hatten sie einen Posaunenchor zu sich gebeten, der den Gottesdienst musikalisch bereicherte und der sich um den Esszimmertisch drängte. Die Gastgeber selbst hatten eine weitere musikalische Begleitung für unsere im Telefonat gemeinsam herausgesuchten Kirchenlieder einstudiert. Sämtliche Stühle aus dem Haus waren herbeigeschleppt worden, einige Familienmitglieder saßen auf dem Sofa. Gewünscht hatte man sich von mir die Weihnachtsgeschichte.

Meine Predigt begann ich in der liturgischen Hochsprache, merkte aber schnell, dass diese gottesdienstliche Sprache, die am Altar in einer Kirche stimmig ist, nicht ins Wohnzimmer passte. Im Namen des Vaters und des Heiligen Geistes, das schon, aber bei den Gebeten musste ich sprachlich lockerer werden, die Weihnachtsgeschichte las ich in meiner fränkischen Bibelübersetzung. Die Ansprache improvisierte ich teilweise.

Es machte mir riesigen Spaß, mich auf die Situation einzulassen, spontan zu reagieren, überrascht zu werden – das ist ein großer Reiz. Mich danach zu richten, wer die Menschen vor mir waren, welche Stimmungen und Gefühle ich wahrnahm und direkt aufnehmen konnte. Hätte man von mir verlangt, die Schuhe vor der Haustür auszuziehen, ich hätte auch das getan und in Socken die Predigt gehalten (ich hatte beim vorherigen Anziehen darauf geachtet, dass sie keine Löcher hatten). Oder in Räuberzivil, wenn gewünscht. Und hätte mich eine Schwimmgruppe eingeladen, ich hätte den Gottesdienst in der Badehose gehalten – ohne Seepferdchen.

Bei den Wohnzimmergottesdiensten war alles dabei, was zu einem »richtigen« Gottesdienst gehört: Ein Kind läutete eine Glocke, Musik, Gebete, ein Bibeltext, eine Ansprache. Es wurde sogar eine Kollekte für einen guten Zweck gesammelt.

Da die Aktion so viel Anklang gefunden hatte – bei einigen Gottesdiensten hatten sich bis zu vierzig Menschen eingefunden –, dachte ich über eine Fortsetzung nach. Der Valentinstag im darauffolgenden Jahr schien mir geeignet, dafür verloste ich zwei Gottesdienste – für Paare, die schon lange zusammen waren oder frisch liiert, verheiratet oder unverheiratet. Wie wohl jeder aufgeklärte Mensch bin ich gegenüber diesem inszenierten Valentinstag kritisch eingestellt, aber ich hatte mir gedacht: Eigentlich wäre es doch eine Möglichkeit, dem Ganzen wieder einen Sinn zu geben. Eine Spiritualität in den Valentinstag zu bringen, der sonst mit Blumen, Kitsch und Stofftieren kommerziell überladen ist. Es konnte um die Menschen und ihre Liebe zueinander gehen. Als Pfarrer bin ich dafür Profi, über Liebe kann ich was erzählen. Bei vielen Gesprächen habe ich beeindruckende Liebesgeschichten gehört. Und gerade zu Hause, da, wo die Menschen daheim sind, wird Liebe gelebt.

Zum anderen konnte ich sagen: Liebe ist nicht nur Kitsch. Liebe kann auch scheitern. Und da macht es Sinn, Liebe unter den Segen von etwas Höherem zu stellen. Unsere menschlichen Bemühungen und Pläne können scheitern. Gott ist der Urheber unserer menschlichen Liebe, und in der Bibel steht sogar: »Gott ist die Liebe, und wer in der Liebe bleibt, der bleibt in Gott und Gott in ihm« (1. Johannes 4,16). Daher stellen wir bei einer Trauung die Ehe unter seinen Segen. Eins meiner Lieblingszitate für Traureden stammt von Dostojewski und lautet: »Einen Menschen lieben, heißt, ihn so zu sehen, wie Gott ihn gemeint hat.« Das ist mein Wunsch für alle Liebenden, dass sie sich diesen Blick bewahren können.

Als Altenheimseelsorger, der ich auch bin, hat vor einiger Zeit ein Neunzigjähriger zu mir gesagt: »Herr Pfarrer, wissen Sie, was eine glückliche Beziehung ist?« Er machte eine kleine, bedeutungsvolle Pause, und ich war gespannt, was er äußern würde. Ich erwartete etwas ganz Weises, Ergebnis seiner langen Lebenserfahrung. Was er dann sagte, war anders als erwartet: »Wenn sie nix mehr sieht und er nix mehr hört.« Ich fand das hervorragend, und bei meinen Vorbereitungen zum Gottesdienst am Valentinstag erinnerte ich mich wieder daran.

Ein junges Paar war unter den beiden Gewinnern, beide kannte ich schon länger. Sie waren verheiratet und hatten zwei kleine Kinder. Im Vorgespräch sagten sie, dass sie nur selten Zeit hätten, in die Kirche zu gehen, mit zwei Kleinkindern sei das auch sehr nervig, da die nicht unbedingt ruhig zu halten seien. Sie hatten sich für den Wohnzimmergottesdienst beworben, weil sie sich daran erinnern wollten, dass sie auch Mann und Frau waren, ein Liebespaar und nicht »nur« Vater und Mutter.

Als ich bei ihnen in meinem schwarzen Talar ankam, gab es zu Beginn des Gottesdiensts Glockengeläut, aber nicht aus dem Kirchturm, sondern aus dem Bluetooth-Lautsprecher. In dem Bayreuther Wohnzimmer hatten sich rund zwanzig Erwachsene und fünfzehn Kinder versammelt. Engagiert war eine Kinderbetreuung, sollte es im Wohnzimmer zu trubelig werden, die junge Frau wollte die Störenfriede dann mit ins Kinderzimmer nehmen. Auf dem Esstisch stand ein Strauß Tulpen, auch hier war der »Altar« schön geschmückt. Es wurde gesungen und gebetet, ich redete über das Verliebtsein, Gott, die Liebe und die Ehe, und die anwesenden Paare wurden von mir gesegnet. Nicht nur ich hatte zum Schluss Tränen in den Augen.

Manchmal werde ich gefragt, ob denn meine Kirchenleitung meine Initiative gutheißen würde. Man höre ja, dass dort so etwas nicht gern gesehen werde. Das ist Quatsch. Die Kirchenleitung ist inzwischen so modern und offen wie ihre Pfarrerinnen und Pfarrer. »Wir müssen den Mut haben, neue Formen des Gottesdienstes auszuprobieren«, bekam ich zu hören. In einer Zeit, da weniger Menschen sonntags in die Kirchen kämen, stelle sich die Frage: »Was kann man tun, um den Glauben noch besser zu verkündigen?« Zumal es eine große Konkurrenz gibt: So könnte man sonntags lange zusammen mit der Familie frühstücken oder endlich mal joggen gehen, was man in der Woche nie schafft.

Ein Kollege von mir hatte anlässlich einer Konferenz aus seinem Religionsunterricht in der Berufsschule berichtet, dass das Votum in den letzten Jahren immer gelautet habe, Kirche sei langweilig. Inzwischen habe es sich jedoch erschreckenderweise geändert und würde nun so formuliert werden: »Was ist denn Kirche?« Ich hatte innerlich jubiliert, als ich das vernahm. Denn wenn Kirche nicht mehr bekannt ist, sind die Vorurteile und Klischees über sie ebenfalls nicht mehr bekannt. Eine kirchenferne Gesellschaft ist wie ein leeres Blatt, auf das die Kirche neu schreiben und sich neu definieren kann.

Vielleicht werde ich von »den Oberen« sogar unterstützt, weil sich schon damals die Könige einen Hofnarren gehalten haben – und in dieser Rolle fühle ich mich wohl. Hofnarren waren nicht nur zur Unterhaltung und zum Blödeln da, sie durften auf ihre Weise auch schwierige Sachen ansprechen. Das mache ich immer wieder – und sorge mit meinem Humor für Auflockerung.

Kirche ist insgesamt wirklich nicht so verstaubt, wie manche denken mögen. Die knorrigen Pfarrer seien einmal dahingestellt, aber auch die Medien tragen zu diesem Bild bei. Meist berichten sie Dinge, bei denen die Kirche versagt hat, die vielen positiven Nachrichten sind kaum eine Meldung wert. Sie stürzen sich nur auf die Sachen, die ihrer Meinung nach spektakulär sind – und das sind nun mal vor allem die Negativschlagzeilen.

Das ist insofern interessant, wenn man bedenkt, dass man früher ja nicht schlecht über die Kirche reden durfte. Die Kirche war praktisch heilig, über sie durfte nichts gesagt werden, was sie in Verruf hätte bringen können. Heute scheint das Gegenteil der Fall zu sein, man darf nichts Positives über die Kirche verlauten lassen. Kirche ist ein misstrauisch beäugter Raum, eine Institution, gegen die man schimpfen und wettern muss, zumindest gegen ihre Strukturen. Doch hier sollte ein gewaltiges Umdenken stattfinden, denn Worte und Gedanken werden zur Realität. Dass gerade viele Mitarbeiterinnen und Mitarbeiter der Kirche gegen diese Instanz schimpfen, sehe ich sehr kritisch – wir sollten gemeinsam ein positives Bild der Kirche nach außen verbreiten.

Kirche ist toll, muss raus aus ihrem toten Winkel, denn es arbeiten in dieser Institution ganz viele Menschen, die nur das Beste für die Welt, die Gesellschaft und natürlich den Glauben wollen. Ihnen sollte man nicht nur Böses unterstellen, auch wenn manches bürokratisiert ist.

Für mich ist die Kirche ein Ort, an dem Menschen kreativ sind und sich verwirklichen, sich mit anderen Hoffnungssuchern und Hoffnungsstiftern treffen können, um sich auszutauschen und Stärkung zu erfahren. In großartigen Gebäuden mit langer Tradition. Man hat hier die Möglichkeit, seine Talente zu entdecken und zu pflegen, anderen etwas Gutes zu tun, eine Idee zu realisieren, die man schon ein halbes Leben lang mit sich herumgetragen, aber nicht durchgeführt hat. Die Kirche ist ein Ort, an dem wir sein können, wer wir sind – wertfrei, gerechtfertigt, wenn wir dieses alte Wort gebrauchen wollen. Mein Idealbild von Kirche wäre, dass dort alle sich gegenseitig so sehen, wie sie von Gott gemeint sind. Das würde hoffentlich auch in die Gesellschaft ausstrahlen, wenn sie daneben eine Institution ohne Ellbogen- und Haste-was-dann-biste-was-Mentalität wäre.

Bei den Wohnzimmergottesdiensten war das erstaunlicherweise und sehr zu meiner Freude so: Zeitungen und Fernsehteams haben sich darauf gestürzt, und die Berichterstattung darüber war sehr freundlich.

Ebenso bei meinem Busgottesdienst, den ich im Mai 2019 anbot. Ruckzuck war er ausgebucht, neunundvierzig Gläubige (oder Nicht-Gläubige, ich habe nicht kontrolliert) durften mit. Wir hätten doppelt so viele Plätze vergeben können, hatten zwischenzeitlich auch schon an einen Doppeldeckerbus gedacht, uns aber dagegen entschieden, weil dann etwas von der Stimmung verloren gegangen wäre. Stattdessen machten wir im Frühsommer bei strahlendem Sonnenschein eine Fahrt. (Im November dann eine zweite mit Start in der Dämmerung und durch die Dunkelheit.)

Sicher, Predigten im Bus sind keine neue Sache, aber bislang hatte ich noch nie davon gehört, dass ein Gottesdienst im Fahren abgehalten wurde. Ich hatte nur von einer Gemeinde gehört, die keine eigene Kirche hatte und deshalb ihre Gottesdienste in einem stehenden Bus stattfinden ließ. Einen Gottesdienst in einem fahrenden Bus zu feiern, war wohl unser Alleinstellungsmerkmal – aber auch nicht ganz einfach, wie sich dann herausstellen sollte.

Auf diese Idee war ich gekommen, als Klaus, unser Busfahrer, der uns zu Konfirmandenfreizeiten und anderen Ausflügen fuhr, den Wunsch äußerte, einmal als Lektor im Gottesdienst lesen zu wollen. Nun hatte ich meine eigenen Lektoren, und es erschien mir nicht so einfach, jemand Neues in dieses Team reinzubringen. Klaus ist nicht nur ein großer Fan vom 1. FC Nürnberg und ein bodenständiger Mensch, der sein Herz auf der Zunge trägt, er ist auch ein religiöser Mensch. Er geht regelmäßig in die Kirche, schon oft hatten wir über unseren Glauben gesprochen. Schließlich dachte ich: Wir machen es andersherum und feiern einen Gottesdienst in seinem Bus, er darf uns eine Stunde durch Bayreuth und das Umland chauffieren.

Wir bastelten ein Kreuz, nahmen unseren Dekanatskantor (er ist so etwas wie die Helene Fischer unter den Organisten) als

Keyboard-Spieler mit an Bord, Liedtexte wurden eingepackt, ebenso das Abendmahlgeschirr. Alles war vorhanden, was man für einen Gottesdienst benötigte. Und Klaus wollte unbedingt den Wein beisteuern.

Dann ging es los. Landschaftlich war alles sehr schön, wir sangen Lieder, die die Schönheit der Schöpfung priesen. Anschließend fing ich an zu predigen:

Busfahren ist für viele Menschen ein notwendiges Übel. Ich bin als Kind mit dem Bus zur Schule gefahren, habe früh noch krakelig die Hausaufgaben abgeschrieben oder versucht, mir binomische Formeln, den Aufbau des Auges oder lateinische Vokabeln ins Kurzzeitgedächtnis zu holen. Da hätte die Busfahrt ruhig noch länger dauern dürfen, vor allem, wenn man sicher sein konnte, dass in der ersten Stunde eine Ex geschrieben wurde. Aber positiv habe ich diese Busfahrten nicht unbedingt in Erinnerung.

Mittags ging es dann wieder heim, immer war Platznot im Gefährt, und es stiegen stets viele ältere Bayreuther ein, die unbedingt zu den Stoßzeiten im Bus mitfahren mussten und uns entweder von den Plätzen aufscheuchten oder mit »Du amoll dei Graffl do weg!« (hochdeutsch: »Bitte entferne dein Hab und Gut vom Platz«) animierten, unsere Schulranzen woanders zu verstauen. Die großen Schüler ärgerten die kleinen Schüler, es wurde im Gang gematscht und gedrückt, der Busfahrer war – völlig verständlich – oft genervt, und ich war froh, wenn ich endlich den Bus verlassen konnte.

Später gab es dann lange Busfahrten zu einem Urlaubsort und zurück; die letzte lange Tour, die ich unternahm, dauerte fünfzehn Stunden: von Assisi nach Bayreuth. Manchmal liefen die Touren nicht problemlos ab, da gab es ausgefallene Lüftungen oder Magen-Darm-Probleme; die können einem die schönste Busfahrt versauen. Ich immer leicht zu groß, um wirklich bequem meine Beine ausstrecken zu können.

Die Mitfahrer lassen sich meistens in zwei Kategorien einteilen: diejenigen, denen im Bus schlecht wird, die unterwegs garantiert nicht schlafen können, weil ihnen der Platz zu wenig ist, die von jedem Geräusch aufwachen und die in Gesellschaft anderer nicht gut abschalten können. Und dann die, die in kürzester Zeit selig einschlummern und frisch erholt nach so einer Fahrt aus dem Bus hüpfen.

Busfahren ist oft ein notwendiges Übel, um gemeinsam einen Weg zu bewältigen. Ist ein Warten aufs Ankommen. Ein Warten aufs Irgendwo-Sein. Ein Warten aufs Aus-dem-Bus-wieder-aussteigen-Dürfen. Da denkt man defizitär: Das muss ich jetzt ertragen, das Busfahren. Ich bin in meiner Freiheit eingeengt.

Fürs Busfahren gilt aber auch das, was ich im Kalender des Vereins Schwarzes Kreuz Christliche Straffälligenhilfe e.V. gefunden hatte, ein kleiner Text eines Strafgefangenen, den ich während dieser Fahrt ebenfalls wiedergab:

Ist Warten Zeitverschwendung?
1/20 unseres Lebens verbringen wir im Bad.
1/3 sogar mit Schlafen.

Und was ist mit Warten? Ist Warten Zeitverschwendung?
Unser Leben lang warten wir auf etwas:
auf Essen, auf den ersten Kuss,
darauf, dass die Schule und die Ausbildung enden,
auf die Entlassung, aufs Heiraten, aufs Kinderkriegen, auf Enkel,
ja sogar auf den Tod im späten Lebensalter.
Und wenn wir dann unser gutes Leben Revue passieren lassen,
spätestens dann wird uns klar,
dass Warten schön war.

Wie viele Stunden ich schon in einem Bus verbracht habe, weiß ich nicht. Aber als Erwachsener habe ich tatsächlich erkannt: Warten ist schön! Sogar das Warten an der Haltestelle auf einen Bus. Es ist eine Zeit, in der ich nichts machen muss. Ich kann einfach sein und nur warten.

Und Busfahren ist mindestens genauso schön! Man muss nichts tun – man wird chauffiert. Man kann innerlich ruhig werden und alles vorbeiziehen lassen, aus dem Fenster schauen. Im Vertrauen darauf, dass der Busfahrer einen gut ans Ziel bringt. Ändern kann man eh nichts – und das ist irgendwo auch ein gutes Gefühl. Loslassen. Seinen Gedanken nachgehen. Etwas lesen, sich unterhalten. Geschehen lassen. Und warten.

Inspiriert hatte mich zu dem Busgottesdienst auch ein anderer Text. Die Hospizhelferin Manuela Thoma-Adofo verglich in ihrem Buch *Auf dem Weg, den niemand kennt* das gesamte Leben mit einer Busfahrt. Ich fing daraufhin selbst an, über dieses Bild – das Leben als eine Busfahrt – nachzudenken.

Ist das Leben eine Busfahrt? Wer ist der Busfahrer? Ist Gott der Busfahrer? Bin ich selbst der Busfahrer? Es ist schon was dran: Wir fahren durch unser Leben. Wir haben Menschen, die uns – meist nur auf einem bestimmten Teil der Strecke – begleiten. Es gibt Menschen, deren Abschied sich schon lange abzeichnet, und andere, die völlig überraschend nicht mehr da sind. Es gibt einen Einstieg und es gibt eine Endstation. Es gibt Stationen im Leben, an denen man innehält. Und es gibt Stationen, die man am liebsten überspringen würde, an denen man möglichst schnell weiterfahren möchte. Es gibt Zeiten im Leben, in denen alles rast und in denen man das Gefühl hat, man legt in seiner Entwicklung gewaltige Strecken zurück – und dann gibt es wieder Zeiten, da staut sich alles, da kommt man menschlich kaum voran. Dann kann man nur abwarten, was ja nichts Schlechtes ist. Auch weist Frau Thoma-Adofo darauf hin, dass gelegentlich der Bus gewechselt wird: Das passt schon irgendwie, denn im Leben gibt es immer wieder Aufbrüche. Gleichzeitig ist Busfahren aber etwas sehr Passives. Dieses Erwarten und Warten kann etwas Schönes sein, aber für das ganze Leben passt es nicht als Bild. Wir können im Leben nämlich auch etwas bestimmen, ihm eine Richtung geben und etwas ändern. Normalerweise kann man während einer Busfahrt den Fahrplan und die Strecke nicht ändern. Normalerweise kann man die Fahrt nur Geschehen-Lassen. Doch das wäre mir ehrlich gesagt zu wenig. Ich habe selbst Einfluss auf meinen Lebensweg, der Weg ist nicht vorherbestimmt, sondern ich kann anders abbiegen. »Kehrt um!«, sagt Jesus am Anfang seines Wirkens im Markusevangelium. Die Möglichkeit, von einem falsch gewählten Weg umzukehren, haben wir immer wieder. Wenn

ich während einer Fahrt im vollen Bus dem Fahrer sagen würde: »Kehr um!«, würde der mich vermutlich zu Recht ignorieren.
Und auch Gott als Busfahrer passt nicht richtig – selbst wenn sich manche Busfahrer für Gott halten. Busfahrer haben oft ein Schild neben sich hängen: »Während der Fahrt nicht mit dem Fahrer sprechen.« Gott möchte aber gerade, dass wir während unserer Lebensfahrt mit ihm in Kontakt bleiben.
Das passende Bild, wenn wir das Leben als Busfahrt sehen, ist, dass wir selbst der Busfahrer sind. Verantwortlich für eine gute Fahrt. Der Mensch als der Fahrer seines Lebensbusses. Der den Lebensbus auch aufräumt. Der sich um Mitreisende kümmert. Der andere Strecken studiert und einschlägt. Und Reparaturen vornimmt.

An einer wunderschönen Stelle hielten wir für das Abendmahl an. Es war doch zu riskant, den Wein im schaukelnden Bus auszuschenken. Klaus war selig, denn so wurde sein Bus durch den Gottesdienst ein wenig geweiht, und als wir zum Schluss »Und bis wir uns wiedersehen, halte Gott uns fest in seiner Hand« singend zum Parkplatz zurückgingen, hatte nicht nur der äußerlich hartgesottene Klaus ein paar Tränen in den Augen, auch alle anderen Mitreisenden waren sehr gerührt. (Alle Teilnehmer der Wohnzimmer- und Busgottesdienste haben übrigens danach die »ganz normalen« Sonntagsgottesdienste besucht.)

Inzwischen haben mich Kolleginnen und Kollegen angerufen und gefragt, ob sie bei sich ebenfalls einen Wohnzimmergottesdienst verlosen dürften und ob ich Tipps zur Durchführung hätte? Natürlich dürfen sie. Ich habe kein Patent darauf – wenn es jemand hätte, dann wären das die ersten Christen, und die melden darauf meines Wissens keinen Anspruch mehr an.

Wenn gewünscht, gebe ich gern auch Tipps: spontan bleiben, mit Unvorhergesehenem rechnen und das auch als gute Chance für eine Auflockerung sehen und im besten Fall sogar einbauen. Und den Gottesdienst auch selbst genießen! Spirituell – aber auch eben sein ganz weltliches Vergnügen daran haben!

Als ich im Theologiestudium ein Gemeindepraktikum machte, überraschte ich meinen Mentor, indem ich ihm vor einem Gottesdienst »Viel Spaß!« wünschte. »Das hat noch nie jemand vor einem Gottesdienst zu mir gesagt!«, kommentierte er.

Doch, Gottesdienst-Halten – egal wo er stattfindet – macht natürlich Spaß! Genießt den Auftritt! Denn jeder Gottesdienst ist – bei aller Authentizität – für denjenigen, der ihn hält, immer auch eine Bühne.

Auf der Bühne

Ich rate jedem, der das noch nie ausprobiert hat, Theater zu spielen. Gemeinsam auf und hinter der Bühne habe ich mit die glücklichsten Stunden meines Lebens gehabt. Ich muss dabei ganz ohne Demut zugeben: Ich liebe Applaus! Wenn am Ende eines Theaterabends meine Schauspielkollegen und ich gemeinsam auf der Bühne stehen, wir uns verbeugen – verschwitzt, erschöpft, wenig attraktiv – und das Publikum, klatscht, johlt und sogar stampft, dann sind das Momente reinsten Glücks, da bin ich im himmelhochjauchzenden Gänsehautfeeling. Dann spüre ich diese Worte aus dem Psalm 139, Vers 14: »Ich danke dir (Gott), dass ich wunderbar gemacht bin.«

Applaus ist was Wunderbares. Vielleicht deshalb, weil man sich selbst zu wenig Beifall spendet. Mich persönlich kritisiere ich jedenfalls mehr, als dass ich mich lobe. So bin ich aufgewachsen: schon als Kind beurteilt, in der Schule mit Noten versehen, das ganze Leben über vom eigenen Ich und anderen genau angesehen. Besser Kritik als Applaus.

Doch Applaus gibt es auf der Bühne nicht für nichts. Für unsere verdienten Ovationen haben wir über zwei Stunden Theater gespielt. Beim Abschminken nach der Aufführung habe ich mich manchmal erschöpft und müde im Spiegel angeschaut und gedacht: Wie schön wäre es doch, bekäme ich Applaus, ohne dass ich was dafür machen muss, einfach nur, weil ich bin. Wenn ich Beifall erhielte, obwohl die anderen meine

Schwächen kennen (die ich natürlich nicht auf der Bühne zeige). Wenn es Anerkennung gäbe, weil jeder Mensch an sich schön ist, egal ob er den Normen entspricht oder nicht.

Nachdem ich das mehrmals gedacht hatte, wurde es zu einem Vorsatz meinerseits: Anderen immer wieder gern und viel, dazu ehrlich, ohne Ironie zu applaudieren und sich dabei bewusst zu machen: Wir alle haben Beifall verdient, ohne dass wir etwas dafür machen müssen. Das ist es, was Martin Luther und der Apostel Paulus mit dem komplizierten Wort »Rechtfertigung« gemeint haben.

Außerdem: Theater und Gottesdienst gehen ja irgendwo Hand in Hand. Bei einer Gottesdienstfortbildung schaute uns ein Theaterregisseur bei der Liturgie zu und gab hilfreiche Tipps. Hatte ich eine hervorragende Theaterinszenierung besucht, beschäftigte sie mich noch lange – wie im besten Fall ebenso ein Gottesdienst. Schon alttestamentliche Propheten haben ihre Botschaft mit »Zeichenhandlungen« unterstrichen, und bestimmt wurden die biblischen Texte früher immer wieder auch theatralisch erzählt. Jeder Pfarrer kann für alle Bereiche unseres Berufs etwas von Theaterleuten lernen.

Zu meinen Bühnenprojekten gehört seit Langem das Musik-Kabarett-Duo *Zammgebicht*. Der Begriff ist für Nicht-Franken womöglich unverständlich. »Zammbichn« meint auf Hochdeutsch so etwas wie »zusammenkleben«. Letztlich ist es für uns ein Ausdruck dafür, dass mein Musikerkollege Stefan Haußner und ich sehr alte Freunde sind.

Nachdem ich im ersten Dreivierteljahr in meiner neuen Gemeinde in Bayreuth ja beschlossen hatte, keine Bühne zu betreten, nutzten wir mit *Zammgebicht* diese kreative Pause und entwickelten unseren eigenen Stil. Dazu gehörten Schlagerparodien. Denn mit Schlagern hatte ich mich seit der Schulzeit auseinandergesetzt, da hatten wir eine Speed-Schlager-Band gegründet, also mit Schlagern der härteren Gangart. Stefan war damals schon dabei. Einer meiner Dozenten im Studium hatte meine Neigung zum deutschen Schlager und meinen parodistischen Umgang damit akademisch-klug als »Abrechnung mit der Elterngeneration« bezeichnet, da diese Lieder in der Hitparade liefen, als meine Eltern jung waren. Aber ich mochte diese manchmal wirklich dreisten Reime und die eingängigen Melodien und natürlich die damaligen Frisuren und Kostüme. Im Studium lernten wir, dass es unterschiedliche Milieus gibt, die eine Pfarrerin oder ein Pfarrer bedienen muss und dass sich dabei das »Niveaumilieu« (Intellektuelle, die Oper, klassische Musik und Jazz bevorzugen) und das »Harmoniemilieu« (Freunde des Schlagers und der leichten Unterhaltung) gegenüberstanden.

Leider passe ich in keines dieser Milieus: In meinem Autoradio laufen deutsche Schlager von Howard Carpendale und Wagneropern gleichwertig. Vielleicht ist das auch mein Trick, Menschen vieler Milieus zu erreichen, dass ich mich bei beiden daheim fühlen kann – wenn es diese Milieus so überhaupt noch gibt. Eigentlich finde ich dieses Schubladendenken nämlich mit dem christlichen Bild eines freien Menschen nicht vereinbar.

Ja, ich mag Schlager: Ich habe schon oft erlebt, wie verbindend es sein kann, gemeinsam Schlager zu singen. Jeder kennt die Texte – auch wenn er oder sie es ungern zugibt – meist besser als Kirchenlieder, und gemeinsames Singen ist wunderbar. Probieren Sie es mal im Freundes- oder Familienkreis mit »Marmor, Stein und Eisen bricht«, »Anita« oder »Schön ist es, auf der Welt zu sein« aus! Der nächste Schritt sind dann kirchliche Gassenhauer wie »Weißt du, wie viel Sternlein stehen?«, »Großer Gott, wir loben dich« und »Der Mond ist aufgegangen«.

Danach wagen Sie sich an textlich anspruchsvollere Lieder, und Sie werden merken, wie sich Ihr Liederschatz erweitert und Sie sich die hoffnungsvollen Botschaften der Kirchenlieder genauso merken können wie die teilweise Nonsens-Botschaften des Schlagers (»Schön ist es, auf der Welt zu sein, sagt die Biene zu dem Stachelschwein.«)

Meine Paraderolle bei unseren *Zammgebicht*-Schlagerparodien wurde dann die von Howard Carpendale, der, nun ja, wesentlich mehr Haare auf dem Kopf hat als ich. Ich setzte mir deshalb eine blonde Perücke auf, kultivierte den südafrikanischen Akzent, hörte mir viele seiner Lieder an und besuchte sogar, um mir seine Gesten und Mimik genau abzuschauen, Konzerte von ihm. Naja, nicht nur deshalb – ich mag auch seine Musik und die Art, wie er durchs Programm führt.

Bei dem Sehnen nach Liebe und Gemeinschaft treffen sich Glaube und Schlager. Es geht auch im Schlager um Geborgenheit und Angenommen-Werden, um große Gefühle und kleines Glück.

Wir haben ein Lied im Programm, von dem wir behaupten, dass wir darin die Essenz aller Carpendale-Texte herausgefiltert haben. Übrig blieb dies:

Du bist für misch
und isch bin für disch
einzigartisch
und schlagartisch
flüstre isch dir leis zu
so solls sein immerzu
hu hu hu
hu hu hu

Dabei werfe ich das Mikrofon von einer Hand in die andere, flirte mit der ersten Reihe, mache ausdrucksvolle Gesten. Das Publikum liebt diese Überzeichnung des Schlagersängers. Aber auch theologisch habe ich mich Howard Carpendale genähert und 2008 eine österliche Radioandacht zu seinem Comeback verfasst: »Hello Again«:

Es war ein tolles Jahr für Schlagerfreunde. Howard Carpendale startete sein Comeback. Vier Jahre zuvor hatte er sich aus dem Showgeschäft zurückgezogen. »Isch brauche diese Zeit für misch!«, sagte der Schmusesänger damals. Jetzt ist er wieder da. Die Fans bejubeln ihn, die Anhängerinnen feiern das Comeback ihres Stars.
Und jedes Konzert beginnt Howie mit dem obligatorischen »Hello again!«
An Ostern feiern wir Christen ein Comeback. Es ist das Comeback Jesu. Und während bei Howie schon immer alle irgendwie mit einer Rückkehr rechneten, war Jesus tot. Gestorben am Kreuz, der Sohn Gottes von den Menschen umgebracht.
Doch auch er kommt zurück.
Als ihm seine Jünger auf dem Weg nach Emmaus begegnen, begrüßt er sie nicht mit »Hello again!«. Sie erkennen ihn zunächst gar nicht. Erst als sie gemeinsam Abendmahl feiern, erst als sie in ihrer Trauer getröstet werden, merken sie, dass es Jesus ist. Sie erkennen, dass Jesus lebt. Dass Jesus nicht mehr tot ist.
Ganz anders ist dieses Comeback. Es ist nicht einfach eine Fortsetzung des früheren Daseins. Es ist noch viel mehr. Jesus hat den Tod überwunden.

Jesus ist nun bei seinen Jüngern, bei seiner Kirche, bei uns. Und während Howard Carpendale sicher irgendwann endgültig von der Bühne geht, so wissen wir: Jesus wird immer bei uns sein.

Inzwischen habe ich dieses Lied, »Hello Again«, komplett auf die Emmaus-Geschichte umgeschrieben und bringe es gelegentlich noch auf die Bühne. Zunächst hatte ich etwas Angst, ob das funktioniert, Schlager und hohe Theologie, aber die Leute sind begeistert und werfen mir als »falschem Carpendale« gelegentlich auch Blumen und (in zumindest einem Fall) XXL-Unterwäsche auf die Bühne.

Irgendwie haben es mir österliche Geschichten eh angetan.

Eine andere biblische Geschichte, die ich kabarettistisch für die Bühne aufbereitete, war die vom Lazarus aus Bethanien. Eingefallen war mir das in Taizé, wo meine Spiritualität eh immer große kreative Sprünge macht, auf einem längeren Spaziergang zwischen zwei Gottesdiensten.

Die biblische Geschichte (Johannes 11,1–45) geht so: Jesus hat drei sehr gute Freunde, die in Bethanien leben: Lazarus und seine beiden Schwestern, Martha und Maria. Jesus erhält von den zwei Frauen eine dringende Nachricht: »Lazarus ist sehr krank. Bitte, komm schnell!« Aber Jesus wartet noch zwei Tage. Erst dann sagt er zu seinen Jüngern: »Macht euch bereit, wir gehen nach Bethanien. Lazarus ist eingeschlafen. Ich gehe jetzt hin und wecke ihn auf.« Die Auferweckung des Lazarus von den Toten steht im Johannesevangelium. Auf den Zuruf Jesu: »Lazarus, komm heraus!« verlässt dieser – noch mit den Grabtüchern umwickelt – wieder lebendig das Grab. Diese Geschichte gilt als Zeichen für die spätere Auferstehung von Jesu selbst.

Während des Spaziergangs setzte ich mich mit einem Notizbüchlein hin, und bald stand das Lied (kompliziertere fränkische Begriffe habe ich übersetzt).

Der Refrain lautet:

Lazarus kumm raus, kumm raus aus deiner Gruft,
Lazarus kumm raus, kumm raus, der Jesus ruft.

Der Jesus und die Jünger
ziehen durchs Judäer Land
Hier heilt er einen Fuß
dort eine kaputte Hand
Do kummt zu ihm a Fraa (Frau)
sie trägt a schwarze Kluft
denn seit vorgestern – so hört man –
liegt der Bruder in der Gruft.

Die Fraa sagt: »Heilt der Jesus
auch mein Bruder, der is hie (verstorben)?«
»Für so was«, sogn die Jünger,
»hat selbst er ka Therapie!
Der macht zwar die Blindn sehend
ein böses Bein, des macht er gut.
Doch dass ein Zombie aus dem Grab kummt
gibt es nur in Hollywood.«

Do kommt der Jesus: »Wos is?«,
ruft er in die Jüngerrund.
»Ach, der Lazarus is gstorm (gestorben),
der wor scho länger nimmer gsund.«

»Dann schau mer moll!«, sagt Jesus.
»Führt mich zu seinem Grab.«
»Jetz probiert ers!«, sagt der Petrus.
Und der Judas: »Ich brech ab!«

Am Grabe angekommen
haun die Jünger auf den Tisch:
»Also, Jesus, nach vier Tagen
is der Lazi nimmer frisch!
Der wor scho immer net der schönst
und jetz ham mir a bissla Schiss,
dass der Lazarus in seiner Gruft
aweng angschimmelt is!«

»Ihr Schisser!«, sagt der Jesus.
»Der is doch einbalsamiert.
Viel bleeder is aber der Staa (Stein),
ders Lazi-Grab blockiert.«
Die Jünger schiebm den Staa weg,
und zwar mit voller Wucht.
»Und weg isser!«, ächzt der Petrus
und hot fast an Leistenbruch!

»Lazarus kumm raus!«,
hat der Jesus gleich gesprochen.
Und tatsächlich – aus der Gruft
kommt etz der Lazarus gekrochen.
Er hot zwar noch a boa Bindn um
und schaut a bissla daab (verschlafen).
»Ja ka Wunder«, sagt der Petrus.
»Des wor finster in dem Grab!«

Und Johannes beugt sich vor
und flüstert Jesus wos ins Ohr:
»Also Chef, der Lazarus
schaut besser aus als je zuvor.«
»Ja!« Der Jesus hebt die Stimm an,
er hat allen wos zu sagn:
»So wird es euch allen gehen
in den letzten aller Tagn!«

»Wenn ihr alle in der Gruft seid
scho verwest und nur noch Staub.
Dann ruf ich mit lauter Stimme
denn ihr seid a bissla taub.
Wie der Lazarus steht ihr dann auf –
besser als zuvor
und gemeinsam ziehen mir dann alle
nei ins Himmelstor.«

Und so glaubt es mir, Christen
aus dem Grab geht's wieder naus.
Wenn der Jesus ruft, dann halten
wir es darin nimmer aus.
Wie der Lazarus so krabbeln
mir aus unsrer Gruft hervor.
Besser, schöner und erlöster
zieht es uns zum Schluss empor!

Das wurde unser bekanntestes *Zammgebicht*-Lied, und ein evangelischer Pfarrerkollege sagte mir: »Im Grunde brauchst du gar nicht mehr zu predigen, du könntest jeden Sonntag in der

Kirche nur noch dieses Lied vom Lazarus singen.« Auch mein katholischer Kollege verlangt bei allen Gelegenheiten das Lied vom Lazarus – es ist also ein ökumenischer Hit!

Nicht nur Bibeltexte werden bei uns in Dialekt übertragen. Jeden Auftritt beenden wir mit dem Lied »Irische Segenswünsche«: »Möge die Straße uns zusammenführen« – natürlich in einer fränkischen Variante. Zum Schluss singen dann immer (jedenfalls nach unserer Wahrnehmung) alle Besucher des Konzerts mit: »Und bis wir uns wiedersehen, halte Gott uns fest in seiner Hand!« Zu diesem Lied mache ich gerne eine Ansage, in der ich mich mit den einzelnen Strophen beschäftige. Besonders ist da die dritte Strophe, welche lautet:

Hab unterm Kopf ein weiches Kissen,
habe Kleidung und das täglich Brot;
sei über vierzig Jahre im Himmel,
bevor der Teufel merkt: Du bist schon tot!

Mit dieser Strophe kann ich – obwohl ich den Rest des Liedes sehr schätze und ich weiß, dass es vielen Menschen etwas gibt – persönlich am wenigsten anfangen. Und als ich sie das erste Mal bei einer Taufe hörte, habe ich mich fast verschluckt. Ich brauche keine weichen Kissen, ich brauche ein hartes Kissen, sonst ist mein Rücken am Tag darauf eine Katastrophe.

Aber dann der schrägste Vers im ganzen Lied:

Sei über vierzig Jahre im Himmel,
bevor der Teufel merkt: Du bist schon tot!

Da wurde mir gesagt, das wäre irischer Humor. Ich hoffe es, denn ich glaube nicht, dass der Teufel alle vierzig bis fünfzig Jahre Inventur macht. Und dann schaut er seine Listen durch: »So, wo ham wir denn den Schott … Schott … Schott …« Und dann kommt ein Unterteufel: »Chef, der muss uns durch die Lappen gegangen sein.« Und der Teufel regt sich natürlich furchtbar auf! Aber der selige Schott hockt schon droben auf den Wolken und spielt auf seiner Harfe und knuspert sein Manna.

Eigentlich ein grausames Bild – durch einen Verwaltungsirrtum kann man in der falschen Ecke landen, der erst bei der nächsten Inventur herausgefunden wird.

Heute gehen die meisten evangelischen Theologen davon aus, dass Gottes Liebe und Gnade größer ist als alles, was wir uns vorstellen können. Und dass er uns nicht zur Verdammnis, sondern zum Heil geschaffen hat, wir also das ewige Leben an seiner Seite, dem Ort, den wir Himmel nennen, erwarten dürfen.

Der Teufel (über dessen Existenz ich mir ebenfalls nicht völlig sicher bin) wird bei seiner nächsten Inventur also nicht nur hoffentlich mich, sondern uns alle vermissen.

»Und wer landet dann noch in der Hölle?«, ist der Theologe Karl Barth mal gefragt worden. »Nur die, die sie lehren!«, hat er, vermutlich schmunzelnd, geantwortet.

Und deswegen habe ich diese Strophe für die Beerdigung eines Freundes, die ich schweren Herzens halten musste und dessen Angehörige sich dieses Lied gewünscht hatten, umgeschrieben:

Unsere Wege gehen auseinander
und du gehst an einen andern Ort.
Wir sehen uns wieder im ewigen Leben
Unsere Verstorbenen warten dort.

Ein Freund hatte zu einem *Zammgebicht*-Konzert seine Frau mitgebracht, die aus den neuen Bundesländern stammte und religiös ein relativ unbeschriebenes Blatt war.

»Das war ja kein Konzert, sondern ein Gottesdienst!«, sagte sie hinterher.

Irgendwie war da schon was dran. Jemand, der keine Gottesdienste kennt, der sieht die spirituellen Momente unserer Konzerte und hört die Moderationen und Lieder, die zum Teil religiöse Hintergründe haben. Viele Menschen lassen sich davon ansprechen und singen mit, wenn es nicht den offiziellen »Gottesdienststempel« hat. Ich habe großes spirituelles Interesse bei kirchenfernen und aus der Kirche ausgetretenen Menschen erlebt und viel Wohlwollen unserer Botschaft gegenüber. Die Menschen und ihre spirituellen Bedürfnisse sind da – wir haben die frohe Botschaft für sie und müssen nur vielleicht neue Wege gehen, um sie zu erreichen.

Durch die Videos, die wir mit *Zammgebicht* online gestellt hatten, wurde auch das *Weißblaue Beffchen* auf mich aufmerksam, das vermutlich bekannteste und älteste evangelische Pfarrkabarett Deutschlands, zumindest aber Bayerns. Sie suchten gerade Nachwuchs.

Einen der Mitspieler kannte ich bereits aus dem Studium, allerdings war er damals schon junger Pfarrer und für Studierendenbegleitung zuständig. Das war Olaf, mit dem ich dann in vielen Programmen schöne Nummern spielen durfte, in denen er zum Beispiel als Tod einen nicht besonders fleißigen Pfarrer abholen möchte, der ihn zunächst »beseelsorgt«.

Anschließend rechnet der Tod ihm vor: »Du bist siebenundachtzig Jahre alt und stirbst nach einem Herzinfarkt.«

Der Pfarrer weigert sich: »Ich bin erst dreiundfünfzig und das blühende Leben. Das kann nicht sein.«

Der Tod bleibt hartnäckig: »So? Aber du hast schon so viel gearbeitet wie sonst erst ein 87-Jähriger. Jede Woche fünfundsechzig Stunden. Jetzt ist deine Zeit abgelaufen.«

Der Pfarrer grinst ertappt: »Aber, Tod, das musst du doch verstehen. Jede Woche erzähl ich meiner Gemeinde, dass ich fünfundsechzig Stunden arbeite, auch wenn's lang net so viel is. Was würden sonst die Leut denken?« Jetzt will es der Tod aber wissen: »Und wie viel arbeitest du wirklich?« Schließlich gibt der Pfarrer zu, dass er weit weniger arbeitet und dies nur vorgibt, um bei seiner Gemeinde gut dazustehen.

Dieser Sketch, natürlich wieder eine Variante meines geliebten Brandner Kaspar, war eine der ersten Nummern, die ich fürs *Weißblaue Beffchen* schrieb und eine Abrechnung mit den Kolleginnen und Kollegen und auch Charakteranteilen von mir, die nicht mehr das Schöne und Freie im Pfarrberuf sehen können, sondern immer nur bei jeder Gelegenheit ächzend darüber jammern, wie viel sie zu arbeiten haben. Kein Wunder, dass die Kirche dadurch nach außen hin nicht als der wunderbare kreative Raum präsentiert wird, der sie ist. »Wähle einen Beruf, den du liebst, und du brauchst keinen Tag in deinem Leben mehr zu arbeiten«, lautet ein Zitat von Konfuzius, das ich zu meinem Motto im Pfarrersein zu machen versuche. Manchmal gelingt es besser, manchmal schlechter.

Olaf ist inzwischen beim *Weißblauen Beffchen* leider ausgestiegen, aber sein nuanciertes und grandios komisches Schauspiel kann man noch in einigen YouTube-Sketchen bewundern. Die Beffchen-Mitspielerin Irene ist eine ungemein herzliche Frohnatur und die Cousine eines guten Studienfreunds. Sie hatte schon von mir gehört und schloss mich gleich in ihr großes Herz. Mit ihr und ihrer wunderbaren Familie habe ich inzwischen schon so viel gelacht, dass es eigentlich für mehrere Leben reicht.

1979 standen die Freizeitkabarettisten des *Weißblauen Beffchens* zum ersten Mal auf der Bühne des Deutschen Evangelischen Kirchentags – mit so viel Erfolg, dass sie in der Folge regelmäßig in Gemeinden und beim Kirchentag auftraten. Zum *Weißblauen Beffchen* hatten sich einige Münchner Pfarrfrauen und Pfarrer aber schon 1975 zusammengeschlossen. Sie wollten sich, um Lust an der Kirche zu wecken, über Schwieriges in der Kirche und über den Glauben lustig machen und zeigen, dass auch Pfarrerinnen und Pfarrer kritische und humorvolle Geister sind. Das Beffchen ist übrigens das weiße Stoffteil, was einem evangelischen Pfarrer (auch auf dem Titelbild dieses Buchs) zum Halse raushängt. Beim *Weißblauen Beffchen* wurde es zum Symbol für alles, was bayrischen evangelischen Geistlichen das Leben schwermacht.

Selbstverständlich waren die »Beffchens« mir ein Begriff, und als bei denen ein personeller Abschied aus Altersgründen anstand, riefen sie mich an und fragten mich, ob ich mir vorstellen könne, bei ihnen mitzumachen. Wir beschlossen, uns erst einmal gegenseitig zu beschnuppern, auch wenn innerlich meine Entscheidung schon feststand.

Ich besuchte die Kabarettmitglieder – und sofort hat es zwischen uns gefunkt. Die Mitglieder und ich, wir haben uns praktisch auf Kabarettebene ineinander verliebt. Und als dann auch der Klavierspieler verdient in den Ruhestand ging, schlug ich den guten alten Joe, der mich zum ersten Mal nach Taizé mitgenommen hatte, als sein Nachfolger vor. Seitdem ist er Klavierspieler und Mitschauspieler auf der Bühne und bereichert uns mit seinem feinen Humor, seinem theologischen Fachwissen und seinem nahezu unverständlichen Dialekt. Und meine hochmusikalische und sehr kreative Studienfreundin Anne-Bärbel habe ich inzwischen ebenfalls zum Beffchen gezogen. Unser Geheimnis ist, dass wir hinter der Bühne genauso gut harmonieren wie auf der Bühne, und theologisch ticken wir alle ähnlich liberal.

Alle zwei Jahre liefern wir ein neues Programm ab, dazu treffen wir uns am Faschingswochenende. Ab Freitag schließen wir uns bis Faschingsdienstag in einem Hotel oder Tagungshaus ein, denn die Texte werden stets von uns selbst verfasst. Alle schreiben mit, so verantworten alle gemeinsam das Ergebnis.

Die gegenseitige Präsentation der Texte ist immer ein großes Highlight, und ich erinnere mich, dass ich damals, als Olaf und ich zum ersten Mal den Tod-Sketch vorspielten, Angst hatte, dass sich Joe vor Lachen in die Hose macht. Auf der Bühne hat der Sketch übrigens dann erst gezündet, nachdem wir einige Details geändert hatten. So ist es, und da kann jeder Theatermensch zustimmen: Jede Aufführung ist unterschiedlich und jedes Publikum ist unterschiedlich. Eine weitere Erfahrung, die wir mit Gottesdiensten teilen.

Einige Wochen später treffen wir uns dann wieder, proben am Freitag und am Samstag unser neues Programm, am Sonntag in der Früh ist Generalprobe, denn am Sonntagabend ist Premiere. Das ist ein sehr großer Kraftakt, aber es macht riesigen Spaß. Danach tingeln wir zwei Jahre mit diesem Programm herum. Leider nicht mehr oft auf Kirchentagen, denn es ist für uns immer komplizierter geworden, dort Bühnen zu finden und die Auftritte neben dem Kirchentagsprogramm zu füllen. Im offiziellen Kirchentagsprogramm könnten wir leider nicht vor allen auftreten, die uns sehen wollen, da die Aufführungen und Auftrittsräume begrenzt sind – es ist eine Zwickmühle, für die wir noch keine Lösung haben.

Mit den Jahren haben wir auch beim *Weißblauen Beffchen* modernisiert, lassen Einflüsse aus Film und Fernsehen und dem Internet mit einfließen. Und es macht uns immer noch enorme

Freude, in Rollen zu schlüpfen. Sobald ich eine Perücke aufsetze, verwandle ich mich nicht nur optisch in eine komplett andere Person. Die meisten Kirchengemeinden sind froh, dass es uns gibt. Ein gut beworbener Auftritt von uns kann das Dreifache der Ausgaben für die Kirchengemeinde einspielen.

Die Leute haben nicht nur vor Lachen Tränen in den Augen, weil wir Dinge ansprechen, die sie ebenso wie uns belasten: den manchmal rauen innerkirchlichen Ton, theologische Fragen, die sie schwierig finden, die scheinbar festgefahrene Ökumene. Aufführungen des *Weißblauen Beffchens* können für die Zuschauer auch etwas Erlösendes haben, genauso wie sie für uns oft eine Katharsis sind. Es ist eine Möglichkeit, all das zu verarbeiten, was einem selbst in der Gemeinde zu schaffen macht: Das können überzogene Anforderungen von Gemeindemitgliedern sein, ein ruppiger kollegialer Umgang, manches, wo die Kirche allzu behördlich-bürokratisch ist. Zum Datenschutz habe ich eine aktuelle Nummer geschrieben, in der wieder jener Johnny von Taizé auftritt:

Zum Beispiel beim Konfirmandenunterricht: Da will ich meine Konfis nimmer mit ihrem Namen anreden! Nein, die bekommen Tarnnamen! Daran sollen sie sich dann gewöhnen für die Konfirmation, denn sonst würde ja der Name öffentlich vorgelesen werden. Viel zu gefährlich.

Je nach Sozialstatus heißen die Jungs Kevin 1 bis 10, Luca 1 bis 10 oder Ansgar 1 bis 10 und die Mädels Chantal 1 bis 10, Leonie 1 bis 10 oder Josephine 1 bis 10.

Auch den Konfirmationsspruch darf ich Ihnen aus Datenschutzgründen im Gottesdienst nur noch verschlüsselt zusagen.

(zu einer Person in der ersten Reihe): Bei dir tät's dann in der Konfirmation heißen: Kevin 7, dein Konfirmationsspruch lautet: X87BV-Rautetaste-Dollarzeichen-BLRA. Sonderlich feierlich ist des nimmer, aber wenigstens sicher!

Und für die Konfirmationsfotos hab ich mir auch was ausgedacht, wenn einer wegen Datenschutz nicht auf dem Foto abgebildet werden kann: Ich hab mir Burkas von der muslimischen Kultusgemeinde ausgeliehen.

Und auch bei Geburtstagsbesuchen will ich nimmer an der Tür sagen: »Grüß Gott, ich bin der Pfarrer, ich wollt der Frau Huber zum Geburtstag gratulieren.« Denn ich muss ja die Frau Huber davor schützen, dass jemand erfährt, dass sie heut Geburtstag hat. Könnt ja sein, dass zufälligerweise einer bei ihr hockt, der das nicht wissen darf.

Oder dass sie überhaupt die Frau Huber ist!

Und dass sie evangelisch ist, weswegen der Pfarrer vorbeikommt.

Deswegen ist die einzig korrekte Begrüßung an der Tür jetzt: »Guten Tag« – nicht »Grüß Gott«, das ist schon viel zu religiös. »Guten Tag, ich bin ein Mensch, der hier ist, um jemandem wegen irgendwas die Hand zu schütteln.«

Ja, des klingt vielleicht blöd, aber damit ist man auf der sicheren Seite!

Auf dem Friedhof schleif' ich jetzt schon die Namen von den Grabsteinen ab wegen Datenschutz.

Aber den größten Ärger hat grad der Jesus im Himmel, denn der hat gesagt: »Freut euch, dass eure Namen im Himmel geschrieben sind.« – datenschutzmäßig ein Skandal!

Betrachtet man aber Sachen mit einem kabarettistischen Auge, arbeitet sie humoristisch auf, können sie einen nicht verschlucken oder gar fertigmachen. Man steht auf der Bühne, sieht fast nur lachende Menschen und denkt sich auch ohne Biene und Stachelschwein: Schön ist es, auf der Welt zu sein! Unsere Bühnenauftritte sind eine Art Reinigung, eine psychische Entlastung.

Zu wissen, dass es diese Entlastung mehrmals im Jahr gibt, an drei bis vier Wochenenden, ist wie Therapie. Wir machen auf der Bühne viel Blödsinn und hinterher, wenn wir noch zusammensitzen, geht es mit dem Quatsch gleich weiter. Aber wir reden auch über uns, was uns das Leben als Pfarrer schwermacht. Da wir von Auftritt zu Auftritt gemeinsam in einem Auto fahren, gibt es einiges an kollegialer Beratung, an unterstützenden und hilfreichen Gesprächen. Diese vier Wochenenden haben es in sich, sie sind eine sehr intensive Zeit. Hinterher ist man körperlich geschlaucht, aber geistig wieder völlig frei.

Auch wenn Kabarett beißen soll, ist es uns wichtig, alles mit viel Liebe darzubieten, mit sehr viel Glauben und sehr viel Zuversicht. Auch wenn wir die Kirche kritisch sehen, so zeigen wir doch, dass wir unsere Kirche und unseren Glauben lieben. Wir wollen demonstrieren, dass wir gern Pfarrerinnen und Pfarrer sind, gern Teil der Kirche und ganz für unsere Gemeinden da sind.

Ein Phänomen des kirchlichen Kabaretts ist: In der ersten Reihe sitzen oft Menschen mit griesgrämigem Gesicht, offensichtlich gehen sie nur zur Aufführung, um sich zu ärgern. Vielleicht können sie es nicht ertragen, dass Kirche und Humor, Glauben und Humor zusammengehören. Wie kann man denn über religiöse Themen nur lachen? Gott sei Dank haben Sie das Kapitel »Vom Glauben, der Erlösung, dem Lachen und dem Vergnügen« gelesen und wissen jetzt eine Antwort! Die in der ersten Reihe möchten aber bei unseren Aufführungen in ihren Vorurteilen bestätigt werden.

Manchmal entwickle ich den Ehrgeiz, genau diese Personen

in der ersten Reihe zum Lachen zu bringen. Hin und wieder gelingt das, hin und wieder auch nicht. Dann ist der Abend aber nicht verdorben, denn andere lachen umso mehr!

Und gemeinsam singen wir dann am Ende unseres derzeitigen Programms:

Will auch unsre Meinung / kaum einer mehr hören,
lassen sich von Glocken / die Anwohner sehr stören.
Hat in der Geschichte / die Kirche oft versagt,
wird über die Verwaltung / der Kirche oft geklagt,
Geht's in Diskussionen / fast nur um Kirchensteuer,
bleibt mir unsre Kirche / trotzdem lieb und teuer.

Eins kann mir keiner nehmen, und das ist die Lust am
Christenleben.

Und alle singen lauthals mit!

Witzige Theologinnen und Theologen gibt es viele, aber diesen Humor auch auf die Bühne zu bringen, möchten die meisten nicht. Es gibt da wohl eine gewisse Angst, es sich bei der Gemeinde oder der Kirchenleitung zu verscherzen. Ich kann aus meiner Erfahrung sprechen: Ich habe den Humor eher als Türöffner und Konfliktlöser nutzen können. Insgesamt scheint mir ein humorvoller, selbstironischer Umgang miteinander im ganzen Leben einer der besten Ratschläge zu sein.

Von Narren und von Mächtigen, Donald Trump und Moses

Wir sind gerne so etwas wie kirchliche Hofnarren, die den ganzen kirchlichen Zirkus mit einem Augenzwinkern kommentieren. Wir achten aber auf ein gewisses Niveau. In den Medien werden von manchen Comedians auf Kosten des Christentums sehr billige Witze gemacht, oft nur um des Unterhaltungseffekts willen. Kaum eine Comedy-Sendung, die etwas auf sich zählt, in der nicht Jesus und biblische Figuren ziemlich geistlos dargestellt werden. Das war schon in den Anfängen so, dass man sich über einen Heiland, der für die Menschen starb, lustig machte:

Das womöglich älteste Kreuzigungsbild ist eine Karikatur und stammt aus dem 2. Jahrhundert. Man fand dieses Bild bei Ausgrabungen als ein Graffito an der Wand eines Gymnasiums in Rom. Es hängt da eine Menschengestalt mit einem Eselskopf am Kreuz. Daneben ein lustig ausschauendes Männchen, die Hände zum Gebet erhoben. Und als Erläuterung griechisch in die Wand gekratzt: »Alexamenos betet seinen Gott an.« Dass das Kreuz und der Glaube an den Gekreuzigten »den Juden ein Ärgernis und den Griechen eine Torheit« ist, schreibt auch einige Jahrzehnte zuvor Apostel Paulus. Man kann sich gut über den Glauben lustig machen. Natürlich, da ist nichts wissenschaftlich zu beweisen, und manches klingt auch erst mal komisch.

Dass die Gläubigen verspottet werden, gehört also irgendwie sogar zum Glauben dazu und ist kein Phänomen der Neuzeit. Heute muss man sich als Christ wirklich viel anhören und mit ansehen, bei dem man – wenn überhaupt – kaum mehr als müde lächeln kann. Und obwohl es sogar einen Paragrafen in unserem Strafgesetzbuch gibt, der sich mit der Beschimpfung von Bekenntnissen, Religionsgesellschaften und Weltanschauungsvereinigungen befasst, wird das nur äußerst selten geahndet. Der anonyme Karikaturist, der den jungen Christen Alexamenos verspottet, bekäme wohl in Deutschland eher eine Strafe wegen Beschmutzung der Wand und nicht wegen Verletzung religiöser Gefühle.

Wir wissen nichts über diesen Alexamenos. Vielleicht hat er seinen Glauben und seine Berufung manchmal bereut. Denn damals war es noch so, dass die Christen hauptsächlich Sklaven und Diener waren und keineswegs an den Schaltstellen der Macht saßen. Da konnte man schon verzweifeln. Und sicher geht es auch manchem Christen heute so, wenn Kirche und Glaube und vor allem ihre Repräsentanten Zielscheibe von Spott sind.

Dabei hat das durchaus seine Berechtigung::

Sicherlich ist es eine Reaktion auf die jahrhundertelang geschützten Machtstrukturen der Kirche, die auch die Missbräuche ermöglicht haben. Und Macht und die Mächtigen dürfen, ja, müssen sogar immer wieder Ziel von Kritik und somit von Satire und Spott sein. Strukturen, in denen das nicht erlaubt ist, sind schrecklich, wie folgender historischer Witz zeigt, bei dem mir das Lachen im Hals stecken bleibt:

In den Sechzigerjahren haben sich Willy Brandt und Walter Ulbricht getroffen. Nach den offiziellen Gesprächen kam es zu einem Schwätzchen. Walter fragt Willy: »Mich würde interessieren, was für ein Hobby Sie haben.« Darauf Willy:

»Ich sammle die Witze, die die Leute über mich machen. Und haben Sie auch ein Hobby?« Walter: »Ja, fast das Gleiche wie Ihres. Ich sammle die Leute, die Witze über mich machen.«

Gott sei Dank ist es bei uns erlaubt, Witze über Machthaber zu machen und sie zu kritisieren – gerade auch in der Kirche –, sonst wäre wahrscheinlich nicht nur ich inzwischen einen Kopf kürzer! Ich finde es sogar ziemlich wichtig, Machtstrukturen genau unter die Lupe zu nehmen und zu kritisieren! Gerade in der evangelischen Kirche, wo uns das Priestertum aller Getauften so wichtig ist. Wo uns unsere demokratischen Strukturen so wichtig sind. Wo jeder mitbestimmen und mitwirken darf. Und trotzdem gibt es auch hier Machtstrukturen und Machtkämpfe. Dabei berufen wir uns auf einen, der garantiert keine Machtstrukturen wollte.

Ich bin schon oft gefragt worden, wenn ich als Pfarrer und Kabarettist unterwegs war und manche vom kirchlichen Erdenpersonal aufs Korn genommen habe: »Dürfen Sie das überhaupt?« Ja, natürlich darf ich – das gehört zu meiner christlichen Freiheit! Allerdings mit Niveau und durchdacht – plumpe Beleidigungen und Zoten sind einfach billige Lacher. Und auch wenn Hape Kerkeling in seinem Lied mit Heinz Schenk singt: »Witzischkeit kennt keine Grenzen«, dann gibt es für einen christlichen Kabarettisten schon Grenzen: Wenn Menschen wegen Hautfarbe, Geschlecht, sexueller Orientierung oder wegen etwas anderem lächerlich gemacht und ausgegrenzt werden, geht das nicht mit dem christlichen Menschenbild zusammen.

Der kabarettistische, humorvolle Blick hilft mir, auf Distanz zu gehen, mancher Berg, der vor mir lag, wurde dadurch zu einem lächerlichen Hügel. Manch Furcht einflößender Mächtige ist nicht mehr einschüchternd, wenn ich mir humorvoll seine Eigenheiten anschaue und vielleicht für mich vor dem Spiegel imitiere. So kann ich ihn auch als Menschen wahrnehmen – der womöglich so liebesbedürftig, unsicher und schwach ist wie ich manchmal. Dadurch kann ich diese Person sogar wieder mehr in mein Herz schließen. »Parodie ist für mich die höchste Form der Verehrung« – dieses Oscar Wilde zugeschriebene Zitat gilt für mich im Großen (Howard Carpendale) und im Kleinen (bei Mitgliedern des Kirchenvorstands). Indem ich Menschen mit Humor wahrnehme, kann ich hinter ihre Masken blicken und sie eher so wahrnehmen, wie Gott sie gemeint hat.

Dass die Eigenheiten von Menschen überspitzt dargestellt werden, gehört zur Bühnendarstellung dazu – aber wir versuchen die Menschen, die wir persiflieren und denen wir damit einen hoffentlich hilfreichen Spiegel zur Selbsterkenntnis vorhalten, ernst zu nehmen und gernzuhaben. So können sie Kritik annehmen. Sagt jemand nach einer Aufführung: »Ich habe mich selbst erkannt – das war sehr hilfreich«, haben wir ein Ziel erreicht.

Mir fällt dazu der schöne Sketch ein, in dem Eltern über die Wichtigkeit des Konfirmandenunterrichts reden, aber selbst nicht am Gemeindeleben teilnehmen und zum Schluss drüber sprechen, wie gut es ihnen damals getan hat zu lernen, dass »Martin Luther einst die zehn Gebote an die Kreissparkasse von Wittenberg genagelt hat«. Nach der Aufführung kamen erschrockene Eltern zu mir: »Sehen Sie uns wirklich so? Vielleicht sollten wir öfter mal zum Gottesdienst kommen!«

Oder die Nummer mit den Ruhestandspfarrern, die in unterschiedlichen Ausprägungen jahrzehntelang zum »Beffchen-Programm« gehörte (inzwischen sind die Darsteller, die anfangs diese Rollen spielten, selbst schon Ruhestandspfarrer): Da sitzen mehrere Pfarrerinnen und Pfarrer im Ruhestand mit so klingenden Namen wie »Prahline«, »Senilia« und Schneekoppe« nebeneinander auf einer Parkbank und versuchen sich gegenseitig mit dem zu übertrumpfen, was sie im aktiven Pfarrdienst gemacht haben: »Ich habe schon 1950 in meinen Gottesdienst Bilder gezeigt. Mit einem Beamer.« – »Ich hatte schon in den Zwanzigerjahren meinen Pfarramtskalender gegen ein Smartphone getauscht. Wir nannten das damals aber noch »Grammo-Phone« und haben die Termine in die Schellackplatten eingeritzt.« Auch hier kam ein sehr freundlicher, aber nicht minder redseliger Ruhestandskollege nach einer Aufführung auf mich zu und sagte: »Da habt ihr uns aber gscheit aufs Maul geschaut. Danke.«

Wir sehen uns tatsächlich in der Tradition von Hofnarren: Die sollten ursprünglich ihren Herrn nicht nur belustigen, sondern ebenso geistreich kritisieren und letztlich eine Veränderung bewirken. Und für den Narren war das absolut zulässig, er musste sich selbst bei scharfer Kritik nicht sorgen, dass er deswegen an den Pranger gestellt werden würde dafür sorgte die sogenannte Narrenfreiheit.

»Wir sind Narren um Christi willen«, hat Paulus an die Gemeinde in Korinth geschrieben (1. Korinther 4,10). Und warum? Weil Jesus selbst manchmal wie so ein Hofnarr wirkte. Jesus hat die Scheinheiligen entlarvt und gezeigt, wie unmenschlich und selbstherrlich mancher wird, der rigoros gesetzlich lebt. Jesus hinterfragte die, die glaubten, genau zu wissen, wie Gott ist und was er verlangt, um ihm recht zu sein.

Völlig gegen die damaligen Konventionen und für viele nur noch seltsam oder verrückt, war, mit wem er Umgang pflegte:

»Und es begab sich, dass er zu Tisch saß in seinem Hause, da setzten sich viele Zöllner und Sünder zu Tisch mit Jesus und seinen Jüngern; denn es waren viele, und sie folgten ihm nach. Und als die Schriftgelehrten unter den Pharisäern sahen, dass er mit den Sündern und Zöllnern aß, sprachen sie zu seinen Jüngern: Mit den Zöllnern und Sündern isst er?« (Markus 2, 15f) Auch seine eigene Familie wollte ihn nach Hause holen, weil sie meinte, er sei »von Sinnen« (Markus 3,21), also verrückt.

Und es ging noch weiter.

Jesus ist, obwohl er Gottes Sohn war, eigentlich auf den ersten Blick mit seiner Botschaft von der Liebe Gottes und dem friedlichen Zusammenleben der Menschen gescheitert. Jesus wurde verlacht und verhöhnt und schließlich sogar gekreuzigt. Aber es endet bei Gott nicht mit diesem Scheitern.

»Wir sind Narren um Christi willen« – und das ist natürlich die größte Narrheit: dass wir an etwas glauben, was man wissenschaftlich nicht belegen kann. Dass es ein Leben nach dem Tod gibt. Dass dieser Jesus nicht tot blieb, sondern an Ostern auferstanden ist. »Den Juden ein Ärgernis und den Heiden eine Torheit« (1. Korinther 1,23) – verständlich! Es ist eine Narrheit, dass wir daran glauben, dass das, was man sehen kann, nicht alles ist.

Und vielleicht ist das eine Rolle für die Christen, die in die heutige Zeit passt und die schon – denken wir an den Alexamenos – von Anfang an im christlichen Glauben angelegt war: Die Rolle des Narren, der geistreiche Kritik an Machtstrukturen übt – besonders auch in der Kirche.

Dort gibt es selbst im Kleinen Machtstrukturen, die Menschen den Zugang zu Gottesdiensten erschweren. Oft ist uns das selbst nicht bewusst. Das beginnt schon bei einer Trauung. Der Vater möchte die Braut zum Altar führen und sie dort dem

Bräutigam übergeben, doch viele Kolleginnen und Kollegen sind dagegen; sie sagen: »Wir wollen das nicht, weil dies ein patriarchalisches Symbol ist. Die Frau wird aus dem Rechtsraum des Vaters in den des Ehemannes überantwortet. Wir wollen, dass Braut und Bräutigam nach alter Sitte zusammen in die Kirche einziehen.«

Seitdem viele – durchaus emanzipierte – Frauen den Film *Vier Hochzeiten und ein Todesfall* oder Ähnliches im Fernsehen gesehen haben, bei dem jedes Mal die Braut an der Seite ihres Vaters die Kirche betritt, wollen sie diese aus dem angelsächsischen Raum stammende Sitte übernehmen. Natürlich passt diese Tradition in ihrem ursprünglichen Sinn »Vater übergibt Frau an ihren Mann« nicht mehr. Oft lebt die Braut schon viele Jahre mit ihrem Partner zusammen. Aber sie sind sich einig: Es sei doch ein schönes Ritual, man möchte, dass der Vater noch irgendeine Rolle bei der Trauung hat, und außerdem kann er so zeigen, dass er den Ehemann mag. Das Ritual wurde umgedeutet: Es ist nicht mehr die Braut, die übergeben wird, sondern es ist der Bräutigam, der bestehen muss.

Nun ist es inzwischen sowieso meiner Erfahrung nach meist so, dass bei den Trauungsvorbereitungen die Frau viele Vorstellungen hat und eine Menge vorgibt, während der Mann dankbar alles abnickt. Und eigentlich sollte eher der Bräutigam von seiner Mutter reingeführt und an die Braut übergeben werden. Aber das war nicht ganz ernst gemeint und macht natürlich keiner.

Auch wenn die Argumente meiner Kolleginnen und Kollegen, die sich dagegen sträuben, völlig nachvollziehbar und redlich sind, geht es hierbei um Macht, wenn die Kirche in dieser Frage eine Entscheidung trifft: »Nein, Sie dürfen sich nicht von Ihrem Vater reinführen lassen, das machen wir nicht mit!«

Da gibt es das Brautpaar, das wünscht sich etwas, und dann kommt man ihnen damit, dass man sagt: »So geht das nicht.« Und da fange ich an, mir als Pfarrer Gedanken zu machen: Warum soll ich mich bei einer Sache, die dem lieben Gott wahrscheinlich völlig wurscht ist, also in der Frage, wer wen reinführt, aufregen und meine Macht ausüben? Ich kann in die Menschen sowieso nicht reinschauen. Genauso kann bei einer Trauung, bei der Braut und Bräutigam gemeinsam einziehen, ein Ehepartner unterdrückt werden.

Ähnlich gehe ich vor, wenn ein Verstorbener aus der Kirche ausgetreten ist, die Angehörigen sich aber wünschen, dass er christlich beerdigt wird. Bestatte ich jemanden nicht, nur weil der Großvater keine Kirchensteuer mehr bezahlt hat? Nein, das tue ich nicht. Für mich gehört das zur Seelsorge. Die Angehörigen können nichts dafür, dass der Großvater aus der Kirche ausgetreten ist, für sie ist es anscheinend wichtig, dass er eine würdige Beerdigung erhält und sie sich von ihm verabschieden können.

Und der Großvater? Na ja, der nimmt meines Erachtens keinen Schaden, wenn er noch einen Segen mitbekommt. Dort, wo er jetzt ist, muss er sich vermutlich sowieso irgendwie mit dem Glauben auseinandersetzen. Für mich gibt es also keinen Grund, sich gegen eine Bestattung zu entscheiden, wenn das die Angehörigen wollen und mir auch bestätigen, dass der Großvater nichts dagegen gehabt hätte. Wenn die mir natürlich sagen, dass der Großvater glühender Atheist war und regelmäßig gegen die Kirche gewettert hat, dann mache ich das nicht. Nicht weil ich Angst habe, dass es plötzlich bei der Trauerfeier rumpelt, weil er im Grab rotiert, sondern weil ich jemanden nicht gegen seinen ausdrücklichen Willen christlich bestatte. Auch da würde ich wieder Macht ausüben, was ich nicht will. Es muss in so einem Fall (den ich noch nie hatte) eine andere Lösung gefunden werden.

Eine gute Lösung ist oft in Kompromissen zu finden. Eine meiner schönsten Trauungen hatte ich mit einem Ehepaar, die eine Open-Air-Hochzeit wollten. Dem war ich skeptisch gegenüber eingestellt: Was wäre die Alternative bei schlechtem Wetter? Wird die Technik im Freien funktionieren? Wie sorgt man dafür, dass sich die Gäste auch auf Bierbänken während des Hochzeitsgottesdiensts entsprechend benehmen?

Nach einem Gespräch auf Augenhöhe war der Mittelweg, dass sich Brautpaar und Gäste von ihrem Open-Air-Feierplatz mit einem Stadtbus abholen ließen, ich stieg an der nächsten Bushaltestelle zu, und gemeinsam fuhren wir zur Katharina-von-Bora-Kirche und feierten Hochzeit. Danach ging es wieder in ihren Bus, auf dessen Anzeige eine Hochzeitskutsche war, der sie zu ihrer Location brachte. Dieser Kompromiss war perfekt, und niemand musste dem anderen gegenüber Macht ausüben.

Der Narr steht der Macht kritisch gegenüber.

Im Ostergottesdienst 2019 habe ich rote Clownsnasen verteilt und der Gemeinde gesagt: »Setzen Sie sich mal eine Clownsnase auf, probieren Sie sie aus.« – »Wir sind Narren um Christi willen.« – Glaube schenkt Leichtigkeit! »Und setzen Sie die zum Beispiel auf, wenn Sie sich das nächste Mal aufregen! Schauen Sie dabei in den Spiegel! Regen Sie sich immer noch auf? Und dann beobachten Sie die Menschen um sich herum, wenn Sie diese Nase aufhaben.« Nach dem Gottesdienst hatten alle – vom Täufling bis zur fünfundneunzigjährigen Seniorin – ihre Nase auf, und so lustig war die Verabschiedung selten.

»Wir sind Narren um Christi willen.« Nicht mehr mächtig und wichtig auftreten und nicht den Mächtigen ums Maul reden. Damit sind Christen nämlich über die Jahrhunderte gescheitert.

Angefangen haben wir ganz klein – wie Alexamenos. Deswegen lieber weiter die Mächtigen kritisch hinterfragen, ein geistreiches Späßchen auf ihre Kosten machen und die Narreteien verkündigen, die Jesus verkündigt hat und darauf hoffen:

Dass die Hungernden satt werden können.

Dass die Traurigen getröstet werden können.

Dass die Sanftmütigen die Erde besitzen werden.

Und dass mit dem Tod nicht alles aus ist!

Aber natürlich ist Christ-Sein nicht außerhalb der Welt und muss sich auch mit ganz weltlichen Themen wie der Politik beschäftigen.

Ich bin wohl ein Sozialromantiker wie es wahrscheinlich Jesus war, und als Pfarrer darf ich das dankenswerterweise sein. Ich darf von der Kanzel aus alttestamentlichen Visionen hinterherträumen und verkünden, es könnte noch so oder so werden. So wie Jesus von Nazareth, der sich um die Kranken und Außenseiter in der Gesellschaft gekümmert hat. Aber ich kenne mich nicht in der genauen Umsetzung dieser Visionen aus, das ist Aufgabe der Politiker, dafür bekommen sie zu Recht ihr Gehalt. Ich kenne mich nur in dem aus, was mit dem Glauben und meiner Gemeinde zu tun hat, das ist mehr als genug Arbeit.

Natürlich wählen manche Menschen, die bei mir im Gottesdienst sitzen, Parteien, die ich nicht gut finde. Aber die müssen sich dann auch anhören, dass ich, wenn ich von Jesus von Nazareth verkünde, deutlich zu verstehen gebe, dass er anderer Meinung war wie die Parteiprogramme, die sie wählen. Jesus hat ja gesagt: »Liebe deinen Nächsten wie dich selbst.« (Markus 12,31)

Dabei versuche ich zu verstehen, aus welchen Gründen extreme Positionen gewählt werden. Ich versuche diese Menschen so zu sehen, wie Gott sie gemeint hat – unabhängig von dem, was sie am Wahltag ankreuzen. Ich versuche das, und oft gelingt es mir auch, denn in jedem Menschen kann ich etwas Positives entdecken. Lerne ich diese Menschen näher kennen, kann ich meist die Ursachen sehen, warum sie anderer Meinung sind als ich.

In der Weihnachtsgeschichte, der vielleicht durch alle Schichten bekannteste Geschichte des Neuen Testaments (ich kann nur von meinen Schülern und Konfis ausgehen: auf jeden Fall bekannter als die Ostergeschichte), werden die Mächtigen und ihre Beschlüsse sehr kritisch gesehen und sogar karikiert: Jedenfalls hat die Steuerschätzung, die an ihrem Anfang steht und durch die der Kaiser Augustus sein Reich und seine Macht ausbauen will, die Pointe, dass dieses jüdische Kind Jesus nicht in Nazareth, sondern in Betlehem geboren wird. Und dass damit die uralten Prophezeiungen über den Messias, den Davidsohn aus Betlehem, erfüllt werden und dadurch langfristig die Macht des Kaisers gekippt wird.

Aber auch der andere große Mächtige, König Herodes, schneidet in der Weihnachtsgeschichte desaströs ab: Der kommt ja vor, weil die Weisen aus dem Osten – die anhand ihrer wertvollen Geschenke eher der höheren Klasse zuzurechnen sind – sich nicht unbedingt mit Ruhm bekleckern. Auf dem Weg zum neugeborenen Herrscher biegen diese Sterndeuter falsch ab und stehen plötzlich bei dem alten Wüterich Herodes vor der Haustür. Gut, immerhin bemerken sie ihren Fehler und trudeln dann schon noch in Bethlehem ein. Aber den Herodes packt die Wut, er wittert Konkurrenz und lässt deshalb die Säuglinge in Betlehem ermorden – jedoch erfolglos, denn der gesuchte Gottessohn und Herrscher der Welt ist bereits nach Ägypten geflüchtet. Dass beides historisch so stattgefunden hat, ist zu bezweifeln. Aber das macht in diesem Fall ja nichts, denn der Bibelautor Lukas will vor allem die Mächtigen kritisch hinterfragen. Und auch der historische Augustus und der historische Herodes waren sicher keine Unschuldslämmer.

Letzterer hatte zum Beispiel anscheinend kurz vor seinem Tod die wahnsinnige Idee, die angesehensten jüdischen Männer in der Rennbahn in Jericho einsperren zu lassen. Er wollte sie bei seinem Tod umbringen lassen, damit das Volk dann bei seinem Begräbnis genügend weinen würde. Dieser irre Plan ist allerdings gescheitert.

Bei diesen beiden Prachtexemplaren der Gattung »Mächtige« – der eine erlässt unendlich komplizierte Steuern, der andere meuchelt die Zukunft des Landes – haben die unterdrückten und verfolgten Christen beim Lesen des Evangeliums sicher Mut bekommen: Selbst die Mächtigen scheitern. Selbst die Mächtigen müssen sich Gottes Plan beugen. Selbst die Mächtigen können ganz schöne Trottel sein! Die haben nicht das letzte Wort!

Das alles lässt sich nicht so leicht auf unsere heutigen Verhältnisse übertragen. Und zwar aus einem Grund: Solche alleinherrschenden Mächtigen wie damals, die machen können, was sie wollen, gibt es heute glücklicherweise kaum mehr, auch wenn sie wieder langsam in Mode zu kommen scheinen. In den USA haben sie den, der wohl am lautesten geschrien hat, zu ihrem Präsidenten gemacht, und entsprechend führt er sich auf. Sein Team deutet Lügen zu »alternativen Fakten« um, und er selbst wütet gegen die Medien, wettert gegen Menschen mit anderer Meinung und benimmt sich insgesamt ziemlich unwürdig. Aber sogar in Deutschland hatte er anfangs seine Unterstützer: Einige Wochen nach seiner Wahl hatten wir mit *Zammgebicht* einen Auftritt im beschaulichen Luftkurörtchen Bad Berneck im Fichtelgebirge. Wer *Zammgebicht* einmal gesehen hat, weiß, dass wir oft aus uns zugerufenen Begriffen in der Pause ein spontanes Lied schreiben. Das ist eine anstrengende, aber ungemein befriedigende intellektuelle Herausforderung, wenn es denn klappt (bisher hat es nur einmal nicht funktioniert).

Damals ging das Lied selbstverständlich über Donald Trump, das war einer der zugerufenen Begriffe (auch wenn es eigentlich ein Name ist). Unsere Aufgabe bestand nun darin, die weiteren zugerufenen Begriffe (im Folgenden kursiv) einzubauen. So lernte in unserem Lied der Donald Mülltrennung im *Wertstoffhof* Bad Berneck, ließ sich von den Bad Berneckern *Frieden* und *Freiheit* beibringen, machte Bekanntschaft mit *Schäuferla* und *Wildschweinpfefferbeißer* (oberfränkische Braten- und Wurstspezialität) und übte Rechnen in der *Grundschule Goldkronach*.

Refrain des Liedes war: »Welcome Mr. President, welcome to Bäd Berneck. Doch bleib bloß net zu lang, dann bleibts a scheener Fleck!« Alles ziemlich harmlos, meilenweit entfernt von einem Erdoğan-Schmähgedicht, wie es Jan Böhmermann erfunden hat – was definitiv nicht unser Stil wäre –, außerdem gestanden wir dem Herrn Trump ja sogar zu, sich weiterzubilden. Dennoch bekam ich danach per E-Mail eine Nachricht, dass das überhaupt nicht ginge, man dem guten Mann doch erst einmal Zeit lassen solle, sich zu entfalten, und dass wir unter einer Präsidentin Clinton schon im Krieg wären. Ich habe dann geantwortet: »Sollte Donald Trump den Lernwillen zeigen, den wir ihm in unserem Lied zusprechen, und uns überraschen (worüber wir uns sehr freuen würden), werden wir ihm ein weiteres Lied schreiben, in dem es dann vielleicht darum geht, dass Menschen sich immer wieder zum Guten ändern und andere dadurch verblüffen können.«

Damit war mein Gesprächspartner anscheinend zufrieden.

Aber ich habe mich danach gefragt (und seitdem immer wieder): Wer ist ein guter Anführer? Was macht einen guten Anführer aus?

Im nächsten Gottesdienst predigte ich über Moses und dessen Berufung im zweiten Buch Mose des Alten Testaments. Moses möchte kein Führer sein, weil er sich selbst gut einschätzen kann und weiß, dass er kein hervorragender Redner ist. Ich fragte: »Was macht einen guten (politischen) Anführer aus? Ist das jemand, der es unbedingt sein will und dies auch zum Ausdruck bringt, unabhängig davon, ob er dafür entsprechende Qualifikationen mitbringt? Oder ist das jemand, der von vornherein sagt, er will kein Anführer sein, weil ihm dazu die Fähigkeiten fehlen, der aber eine Botschaft hat?«

Bei seiner Berufung zeigt sich Moses sympathisch bodenständig: Er bekennt, dass er Probleme mit dem Sprechen hat, »schwere Sprache und schwere Zunge« (2. Mose 4,10). Für mich ist das kein Gegenargument für einen guten Anführer. Eher andersherum: Das sollten sich die, die immer gleich das sagen, was ihnen durch den Kopf geht, und die, die ohne Sinn und Verstand, zu allem was babbeln können, mal zum Vorbild nehmen. Auch Gott lässt das als Gegenargument nicht gelten: »Ich werde dir schon die richtigen Worte in den Mund legen!«

Moses erniedrigt sich jedoch selbst: »Wer bin ich, dass ich zum Pharao gehe und führe die Israeliten aus Ägypten?« Er ist keiner dieser Machttypen in Politik und Gesellschaft, die nur ihre Schokoladenseiten zeigen, sondern er kommt demütig und eingeschüchtert daher angesichts des Machtangebots, das ihm unterbreitet wird. Gott lässt das aber nicht gelten: Er spricht ihm zu, er mutet Moses etwas zu, obwohl der sich selbst nichts zutraut.

Aufgewachsen ist Moses als Ägypter im Palast, doch er ist ganz tief gestürzt: Er hat einen Sklaventreiber erschlagen, er ist Flüchtling geworden, er ist jetzt Schafhirte. Übertragen auf die heutige Zeit: Ein guter Anführer muss die Sorgen der »kleinen

Leute« genau kennen und ihr Sprachrohr werden. Er muss die Menschen befreien, von allem, was sie versklaven, was ihr Leben verschlechtern will, was sie einengt, sie unterdrückt und klein hält. Dazu braucht es aber keine großen Worte, sondern Taten.

Moses hat den Weg durchs Schilfmeer mit Gottes Hilfe freigemacht – eine Mauer zu bauen und Grenzen zu ziehen, ist so ziemlich das Gegenteil. Ich hoffe immer, dass Gott auch da Einsicht und Weisheit schenkt und einen Platz im Denken der Mächtigen findet, wo aufgrund des eigenen Egos womöglich kaum mehr Platz sein dürfte.

Moses wird dann als der große Anführer Israels gefeiert, der das Volk in die Freiheit führte. Mit schwerer Zunge, aber mit Vertrauen auf den Gott, der ihm und allen sagt: »Ich will mit dir sein!« Das gibt auch uns Mut, die Pharaonen, die vielen Augustus und Herodes unserer Zeit kritisch zu hinterfragen.

Wer sind die Mächtigen heute? Sofort fallen einem Namen aus der Weltpolitik ein, denen man gern mal einen Dämpfer wünschen würde. Dazu kommen die Bosse aus der Wirtschaft, die sich ohne Rücksicht auf Verluste bereichern. Ich würde auch diejenigen dazuzählen, die Millionen scheffeln, ohne sich irgendwie groß an unserem sozialen Steuersystem zu beteiligen. Mächtig ist ebenso jemand, der Gewalt gegenüber anderen Menschen ausübt, dazu rechne ich jeden Terroristen.

Allerdings sind aber nicht nur die Trumps, die Assads, die Erdoğans, die Merkels, und wie sie alle heißen, die Mächtigen. Meine Definition von »Mächtige« lautet: »Alle, die Macht über andere haben.« Das beginnt bei dem Kind, das Macht über seine Eltern hat (und anders herum), über den Schulhof-Raudi, der den Streber bedroht, bis zum Streber, der andere abschreiben lässt, bis zur Pflegekraft im Altenheim und den Senioren dort, die mitspielen oder sich verweigern. Und da gehöre ich selbst auch dazu, als Pfarrer. Ich habe ganz schön viel Macht: Mit meinen Worten erreiche ich viele Menschen, ich bin Vorgesetzter und Lehrer, Konfirmator und Gemeindeleiter ... Da wird einem vor Macht ganz schön schwindlig ...

Immer wieder muss ich mich selbst an die Nase fassen, und seit einigen Jahren habe ich deshalb ein Credo entwickelt, mit dem ich in alle Sitzungen gehe, in denen etwas entschieden werden muss: »Nimm dich selbst nicht so wichtig!« So habe ich festgestellt, dass ich meine eigene Meinung nicht durchsetzen muss, dass ich auch mit einer anderen guten Meinung leben kann, dass ich viel besser schlafe. Regelmäßig muss ich mir nur sagen: »Denk an die Narrenrolle!«

»Nimm dich selbst nicht so wichtig!« und »Du musst deine Meinung nicht durchsetzen!« – dieses Denken hilft ungemein. Ich glaube, würden sich diese Credos generell in Kirche und Gesellschaft finden, würden wir alle besser miteinander und verantwortungsvoller mit unserer Macht umgehen.

Mächtig ist jeder, der einen anderen Menschen unter sich hat. Und das haben wir alle irgendwie: Macht – emotional auf jeden Fall, in jeder Beziehung, in der wir stehen, in der Familie und im Freundeskreis. Irgendeine Macht hat auch jeder von uns bei der Arbeit und im Hobby. Die Mächtigen – wir Mächtigen – werden da in die Verantwortung genommen! Ich will nicht sagen, dass Macht an sich schlecht ist, mein Vikariatsmentor hat immer auf gut Fränkisch gesagt: »Aaner muss den Hut aufhaben.« (»Einer muss den Hut aufhaben.«) Er hat damit gemeint, dass innerhalb eines bestimmten Systems zumindest eine Person Entscheidungen treffen muss, weil sonst alles irgendwann nicht mehr weitergeht – aber Macht bitte mit Verantwortung. Und auf Augenhöhe und mit Empathie gegenüber denen, über die man Macht hat. Und immer auch selbstkritisch mit symbolisch roter Nase und Narrenkappe.

Gott bleibt kein ferner, mächtiger Gott, der irgendwo über allem thront und der gut alle Mächtigen und Könige rechtfertigen könnte. Er ist kein ferner Despot, sondern er kommt zu uns.

»Alle Jahre wieder kommt das Christuskind auf die Erde nieder, wo wir Menschen sind« ist eines meiner Lieblingsweihnachtslieder, obwohl es nicht einmal im Gesangbuch steht. Während die politischen Mächtigen vielleicht gerade mal während des Wahlkampfs zu den Wählern niederkommen, ist Gott bewusst diesen Weg gegangen.

Gott bleibt nicht oben.

Er wird einer von uns und erhält den Namen »Gott hilft« (= Jesus) beziehungsweise »Gott mit uns« (Immanuel). Gott macht sich ganz klein, wird ganz hilflos. Er wird im Elend geboren, in einem Stall. Die ersten Gratulanten sind die Hirten, Tagelöhner, Asoziale, Machtlose. In Jesus trifft Gott die Außenseiter der Gesellschaft, die Kranken und Armen, sodass es unmöglich ist zu behaupten: Der ist mir zu hoch, zu weit weg, zu fern. Und so wie Jesus sich um die Menschen gekümmert hat, so wie er, der eigentlich der Allermächtigste war, ganz runtergekommen ist, so können auch wir Mächtige uns alle erniedrigen und uns um die Menschen um uns herum kümmern. Uns einsetzen für die, die unterdrückt und geknechtet werden …

Das können wir durch das Vorbild Jesu und mit der steten Unterstützung Gottes.

Kirchensteuer, Gönnen-Können und Kirchenaustritt

Leider wird die Kirche im Fokus der Medien und der Gläubigen ziemlich auf ihre Mächtigen und ihre oberen Repräsentanten reduziert. Niemand würde vermutlich auf die Idee kommen, aus einem Sportverein auszutreten, mit dem er sich wirklich identifiziert, weil ihm die Leitung einer bestimmten Abteilung nicht passt oder er mit einer solchen vor vielen Jahren einmal schlechte Erfahrungen gemacht und dadurch »das Fass zum Überlaufen gebracht« wurde. In jedem Verein würde man versuchen, »von unten« die Dinge zum Besseren zu verändern. Auch in der Kirche gibt es durch Gremien wie Kirchenvorstand oder Pfarrgemeinderat Möglichkeiten mitzuarbeiten und Dinge anders zu gestalten. Ich kenne genügend Kolleginnen und Kollegen, die in ihrer Freiheit durch einen mächtigen Kirchenvorstand eingeengt wurden, und wir parodieren das gerne in *Beffchen*-Sketchen. Aber im Grunde ist der Kirchenvorstand eine geniale Institution: Nicht einer allein leitet die Gemeinde, sondern gemeinsam eine Auswahl demokratisch gewählter Menschen.

Dennoch wird die Kirche oft auf ihre Hauptamtlichen reduziert, und Menschen treten aus ihr aus mit der Begründung, dass sie mit einem Pfarrer oder einer Pfarrerin schlechte Erfahrungen gemacht haben, weil er oder sie zum Beispiel schlecht gepredigt hat. Als Kabarettist habe ich einmal humorvoll verpackt, was ich eigentlich aber ziemlich ernst meinte: Da hatte ich mir eine Institution vorgestellt, die Pfarrerinnen und Pfarrern Predigt-Führerscheine ausstellt. Und wie beim normalen Führerschein kann einem auch der Predigt-Führerschein entzogen werden. Wenigstens eine Zeit lang. Dann muss man entsprechende Fortbildungen machen, bis einem wieder der Predigt-Führerschein ausgehändigt wird.

Und obwohl ich die Predigt sehr liebe, habe ich schon oft erlebt, dass sie (in meinen Ohren) nicht die beste war, dennoch herrschte in der Kirche eine tolle Atmosphäre, die Musik war wunderbar, vieles andere ebenfalls. Ein Gottesdienst wird von einer Menge von Faktoren bestimmt, darunter von Emotionen, die wir nicht in der Hand haben.

Einmal im Monat halte ich im Winterhalbjahr abends einen Gottesdienst ab, bei dem es keine Predigt gibt, sondern einzig einige kurze spirituelle Texte, und in dem wir – wie in den Gottesdiensten in Taizé – zehn Minuten lang schweigen. Es tut sehr gut, mit anderen Menschen in Stille zu sitzen. Die Stille hat in der Gemeinschaft eine irgendwie größere Kraft und Intensität. Wir singen zusammen, meist die ganz einfachen Lieder aus Taizé, in denen wie bei einem Mantra nur eine einzige Zeile wiederholt wird. Der dunkle Kirchenraum ist von nichts weiter als Kerzenlicht erhellt. Und das ist es dann vom Äußeren her, viel mehr passiert da nicht. Das Innere kann sich aber bei so einem reduzierten Äußeren viel besser entfalten.

Segnen durch Handauflegen ist ebenfalls etwas, was die Kirche seit über zweitausend Jahren macht, was jedoch oft vergessen wird. Damit kam ich – im wahrsten Sinne des Wortes – im Vikariat in Berührung. Ein älterer Kollege hatte bei der Konfirmandenfreizeit eine »Segnungs- und Salbungsstation« aufgebaut, hatte gut riechendes Öl dabei und bot an, Konfis und Betreuer zu segnen und zu salben. Auch ich probierte das aus, und der ältere Kollege erzählte mir, dass früher Könige gesalbt wurden und dass das jetzt zeige, dass ich vor Gott sehr wichtig sei. Dann zeichnete er mir mit dem Salböl ein Kreuz auf die Stirn und auf die Hände, anschließend legte er mir die Hände auf und segnete mich. Das hat mich sehr beeindruckt.

Als ich dann als Pfarrer nach Bayreuth kam, gab es dort bereits einen Arbeitskreis »Segnen & Salben«, der in meiner Gemeinde regelmäßig den Neujahrsgottesdienst mitgestaltete. Begeistert habe ich bei diesem Gottesdienst mitgemacht. Es ist eine beeindruckende Erfahrung, was diese segnende und salbende Berührung bei anderen auslöst. Gleichzeitig ist das eine höchst sensible Angelegenheit, da Berührungen etwas Übergriffiges haben können. Das muss unbedingt – so wie in allen anderen Bereichen – vermieden werden. Während andere Kollegen sehr körperlich sind und am liebsten aus lauter Nächstenliebe die ganze Welt durchknuddeln würden, bin ich da sehr zurückhaltend. Wegen der vielen schrecklichen Missbräuche in der Kirche sollten Geistliche sich mit körperlicher Nähe – selbst wenn es völlig unschuldig und gut gemeint ist – zurückhalten. Das ist auch eine Form von Macht: jemandem eine Umarmung aufdrängen.

Beim Segnen und Salben ist es etwas anderes, da wissen alle Beteiligten bei einer sensiblen Einleitungserklärung, welche Körperstellen, nämlich Hand und Kopf, berührt werden. Und es besteht – wie auch beim harmlosen Friedensgruß – nicht die Gefahr, jemanden zu berühren, der diese Berührung nicht möchte.

Verkündigung funktioniert also auch auf anderen Ebenen als nur das Predigen und Hören. Übrigens glaube ich nicht, dass Probleme mit Pfarrpersonen und ihrer Verkündigung der eigentliche Grund für Kirchenaustritte sind – die sind oft vorgeschoben. Ich denke ebenso nicht, dass Kirchenaustritte ein

Indikator dafür sind, dass die Menschen ihren Glauben verloren haben, das mache ich zumindest an den vielen positiven Rückmeldungen gerade zu Glaubensthemen nach Kabarettauftritten fest, denen dann ein entschuldigendes »Aber ich bin ja ausgetreten!« nachgeschoben wird.

Eher liegt es an der Institution Kirche und der Kirchensteuer. Das haben mir wenigstens viele Menschen im Vertrauen gesagt, wenn ich sie nach dem wirklichen Grund für ihren Kirchenaustritt gefragt habe – auch Menschen, die ich zu meinen Freunden zähle und deren Kirchenaustritt mir wirklich wehgetan hat. Denn da gibt es nichts zu beschönigen: Jeder Kirchenaustritt ist für mich wie eine persönliche Niederlage, besonders wenn ich den Menschen, der ausgetreten ist, kenne. Ich schreibe dann immer einen Brief (die Vorlage dazu habe ich vor Jahren von Kollegen bekommen):

Sie haben am ... Ihren Austritt aus der Evangelisch-Lutherischen Kirche erklärt. Dieser Schritt ist mir wirklich nicht gleichgültig. Vielleicht sagen Sie jetzt: »Auf einmal interessiert sich der Pfarrer für mich.«
Glauben Sie mir bitte, dass ich Ihnen nicht wegen verlorener Kirchensteuern schreibe. Ich habe mir vielmehr Gedanken gemacht, ob ich selbst, einer unserer Mitarbeiter oder unsere Gemeinde an Ihrem Schritt die Schuld tragen und was ich und wir darum anders machen müssten.
Vielleicht war Ihr Austritt auch die Konsequenz, weil Sie schon länger den Glauben verloren oder den Kontakt zur Kirche aufgegeben haben. Als Ihr ehemaliger Seelsorger bedauere ich diesen Entschluss, respektiere ihn aber.
Sollte hinter Ihrem Austritt allerdings eine konkrete Ver-

ärgerung über mich, die Kirche oder unsere Gemeinde stehen, läge mir viel daran, diese Gründe zu erfahren. Selbst ich leide manchmal unter den Unzulänglichkeiten unserer Kirche und ihrer Mitglieder, will mich aber damit nicht abfinden.
Auch wenn Sie die Bindung zur Kirche gelöst haben, stehe ich Ihnen in allen Fragen zur Verfügung. Zu unseren Gottesdiensten sind Sie weiterhin herzlich eingeladen. Und wenn Ihnen aufgrund dieses Briefs an einem Gespräch gelegen ist, teilen Sie mir das bitte mit – ich würde mich darüber freuen.

Gelegentlich bekomme ich eine Rückmeldung, und es folgt tatsächlich noch ein Gespräch. Natürlich gibt es auch immer wieder Eintritte in die Kirche – das ist dann wie ein persönlicher Sieg!

Ich bin der Meinung: Theoretisch kann sich jeder die Kirchensteuer leisten, aber man muss den Menschen bewusst machen, wofür sie ausgegeben wird. Es ist ja transparent und nachzulesen, wofür sie verwendet wird, zum Beispiel für die Pfarrersbezüge. Zum Wohnen brauche ich aber keinen Palast, keine goldene Badewanne, ich lebe ganz normal. Manche Kolleginnen und Kollegen von mir haben zwar herrschaftliche Pfarrhäuser bezogen, aber sicher hat niemand unseren Beruf ergriffen, weil er dann so toll residieren kann. Viele sehen das Pfarrhaus auf dem Präsentierteller neben der Kirche eher als Last. Gleichzeitig ist es aber sinnvoll für Gemeinden, in denen es nur schwer wäre, ein passendes Mietobjekt zu finden, das Pfarrhaus zu erhalten.

Meine Bezüge werden also wie der Unterhalt von Pfarrhäusern von der Kirchensteuer gezahlt. Aber in unserer Gesellschaft herrscht Neid, so höre ich gelegentlich: »Die Pfarrer verdienen zu viel.« Es wird selten gesehen, was eine Pfarrerin oder ein Pfarrer leistet. Über ein Notfalltelefon bin ich theoretisch rund um die Uhr erreichbar und gehe auch nachts zu Sterbenden, wenn Bedarf besteht. Ich mache das sehr gern. Wenn ich von einem Großspender bezahlt werden würde und diese Spenden selbst zu organisieren hätte, müsste ich diesem nach dem Mund reden. Das beißt sich mit dem »prophetischen Amt«, das jeder Pfarrer auch hat. Dennoch wird das Pfarrersgehalt misstrauisch beäugt.

Kürzlich hatte ich ein Gespräch mit befreundeten Kolleginnen und Kollegen, und wir sind darauf gekommen, dass seltsamerweise gerade die Kirche ein Ort ist, wo wenig gegönnt wird. Einer aus der Runde erzählte von seinem Kirchenvorstand, in dem ständig von einem Rentner Beschwerden kamen. So würde der Pfarrer öfter Vertretungen für Sonntagsgottesdienste organisieren, mit Lektoren, Kollegen aus den Nachbargemeinden, Kollegen im Ruhestand. Leute, die wirklich gute Arbeit ablieferten. Aber dieser Rentner gönnte es dem Pfarrer anscheinend nicht, freie Sonntage zu haben. Dass der Pfarrer sonst unter der Woche viel arbeitete, vieles, was man nicht sah, Schule, Konfirmantenunterricht, Kasualien, Verwaltung, und sich – in Absprache mit dem Dekan – Vertretungen suchte, weil er sonst überhaupt keine Zeit für sich und seine Familie gehabt hätte, wurde nicht anerkannt. Man müsse als Pfarrer jeden Sonntag predigen, dazu wäre man ja da. Die Stimmung im Kirchenvorstand war vergiftet. Andere berichteten von Kollegen, die jüngeren Pfarrerinnen und Pfarrern ihren Erfolg bei den Gemeindemitgliedern madigmachten.

Bei diesem Gespräch habe ich schön den Splitter im Auge der anderen gesehen: wie nervig, dieser Rentner aus dem Kirchenvorstand, und diese Kollegen erst. Meinen eigenen Balken habe ich nicht gesehen! Denn auch mir – das ist mir erst später aufgefallen – fällt es manchmal schon schwer, zu gönnen.

So vergleiche ich mich mit ehemaligen Schulfreunden, was die verdienen – und sehe nicht die hohe Arbeitsbelastung, die Verantwortung und die tiefe Fallhöhe, die sie in ihren Jobs teilweise haben. Abgesehen davon, dass mir deren kaufmännisches Know-how, Geschick und deren Risikobereitschaft einfach fehlt.

Manchmal vergleiche ich mich auch mit Kollegen: Ich schaue dann genau, wie viele Leute deren Gottesdienste besuchen, wie beliebt ihre Konfi-Arbeit ist und wie sie von ihren Gemeindemitgliedern gelobt werden. Und statt es ihnen von Herzen zu gönnen – wir ziehen doch in der Kirche eindeutig an einem Strang –, suche ich einen Haken. Jaaaa, der muss Zeit haben, um so lange bei Geburtstagsbesuchen zu hocken! Jaaaa, sich von seinen Konfis duzen zu lassen, das ist ja mal unprofessionell …

Richtig deutlich wurde mir das bei der Verleihung des kirchlichen Ehrenamtspreises in Bad Berneck, bei dem ich einen kurzen kabarettistischen Auftritt hatte. Da wurden vier Projekte der bayrischen Landeskirche ausgezeichnet, und ich dachte mir bei jedem einen anderen Haken aus: Na, so besonders ist das Projekt aber nicht. Und dieses Projekt, das ist kein echtes Ehrenamtsprojekt, da wirken ja hauptamtliche Pfarrer mit. Na, und dieses Projekt – die haben ihre Erfolgszahlen ganz schön frisiert … Anstatt es ihnen einfach zu gönnen, was da gut läuft.

Ich habe mich selbst entlarvt. Ich kann manchmal auch nur schwer gönnen. Peinlich.

»Kaum hat mal einer ein bissel was, / gleich gibt es welche, die ärgert das«, heißt es bei Wilhelm Busch. Ich habe mir dann als festen Vorsatz fürs Leben genommen: Mehr gönnen können!

Es klappt – mal besser, mal schlechter! Aber es ist gut, diesen Vorsatz für mich formuliert zu haben.

Es gibt viele biblische Geschichten und Personen, mit denen man die Vorteile des Gönnens und die Nachteile des Nicht-Gönnens belegen könnte: Abraham, der seinem Neffen Lot die besseren Weidegründe gönnt, weil er sich sicher ist, dass Gott es mit ihm schon gut machen wird. Saul, der David den Erfolg nicht gönnt und dadurch seine Trübsinnigkeit verstärkt. Die Arbeiter im Weinberg, die den anderen nicht die vermeintlich bessere Bezahlung gönnen, obwohl sie doch mit ihrem Lohn zufrieden sein könnten! In diesem Gleichnis erzählt Jesus von einem Weinbergbesitzer, der über den Tag nach und nach mehr Arbeiter beschäftigt und zum Schluss, obwohl manche länger und manche nur ganz kurz gearbeitet haben, den gleichen Lohn auszahlt. Der Weinbergbesitzer steht für Gott, und dieser sagt zum Schluss des Gleichnisses: »Oder bist du neidisch, weil ich großzügig bin?«

Ich bin eigentlich überzeugt davon, dass Gott mir gibt, was ich brauche. Dass er schon weiß, was für mich gut ist. Aus dieser Überzeugung kann ich erst einmal anderen etwas gönnen – und damit auch mir selbst! Das gehört nämlich zusammen.

Wir Oberfranken haben ein Problem damit, uns selbst etwas zu gönnen, jetzt nicht alkoholisch oder kulinarisch, da sind wir, glaube ich, vorn dran! Aber wenn mir jemand von seinem beruflichen oder privaten Erfolg erzählt, kommt oft: »Aber man soll's net verschreien!« Also, man soll nicht zu laut darüber reden.

Das muss man sich mal auf der Zunge zergehen lassen, was das eigentlich bedeutet! Als würde irgendeine höhere Instanz meinen Erfolg kaputt machen, nur weil ich darüber rede. Das ist ein magisches Denken! Dass der Erfolg wieder ausbleibt, nur weil ich diesbezüglich etwas sage. Außerdem kenne ich an höheren Instanzen nur Gott, und der wird sich mit mir eher freuen, als meine Errungenschaft zerstören, nur weil ich davon gesprochen habe.

Und wenn ich dann darüber reden soll, geht es so weit, dass ich mir selbst keinen Erfolg mehr gönne, weil ich Angst vor Neidern habe und die missgünstigen Töne schon höre, bevor sie noch ausgesprochen werden.

Als ich auf einmal mit meinem Projekt »Wohnzimmerkirche« so großen medialen Erfolg hatte, erwähnte ich in jedem Interview, dass das doch nichts Besonderes wäre … Historisch stimmte es, dass das die Anfänge des Christentums waren, praktisch stimmte es auch, denn Hausbesuche machen alle Geistlichen. Aber ich musste immer betonen, dass ich nichts Außergewöhnliches getan hätte, um eventuellen Missgönnern den Wind aus den Segeln zu nehmen.

Sicher ist es schön und gut, diese Demut, aber auch etwas scheinheilig, denn ehrlicher wäre es, sein Licht nicht unter den Scheffel zu stellen und sich einfach über den Erfolg zu freuen. Den eigenen und den anderer. Gönnen können – sich und anderen. Das sollte in der Kirche und in unserem ganzen Leben so sein.

Auch nach den Wohnzimmergottesdiensten war meine Kirche nicht voller als sonst. Richtig voll ist sie nur an Weihnachten. Die Frage ist aber, ob die Kirchen wirklich je voll waren, wie die allgemeine Legende geht, welcher immer hinterhergetrauert wird.

Falls früher wirklich mehr Leute im Gottesdienst waren, liegt es daran, dass Staat und Kirche noch enger miteinander verknüpft waren. Da waren die Menschen von der Obrigkeit dazu verpflichtet, in der Kirche zu sitzen. Hinzu kam, dass man die

Gottesdienste aufsuchte, um andere zu treffen und Informationen zu erhalten, da gab es noch kein Facebook, kein WhatsApp. Auch war der moralische Druck zum Gottesdienstbesuch ein größerer! Da hat es schlicht und ergreifend ganz andere Gründe gegeben, um in die Kirche zu gehen, da stand das spirituelle Bedürfnis nicht unbedingt im Vordergrund.

Nicht außer Acht zu lassen ist zudem, dass im 20. Jahrhundert sehr viele Kirchen gebaut wurden. In jedem Stadtviertel stehen inzwischen oft – wegen unterschiedlicher Konfessionen – mehrere Kirchen. Ich will jetzt Kirchengebäude nicht schlechtmachen, ich mag Kirchen sehr, es sind wunderbare Räume, in denen Menschen ihre intensiven Erfahrungen miteinander und mit Gott gemacht haben. Aber es gibt, ehrlich gesagt, zu viele davon. Man müsste schauen, wo man welche zusammenführen sollte, nicht in jedem kleinen Ortsteil ist es notwendig, dass in ihm eine Kirche existiert. Vielleicht ist es denkbar, dass man sich in gemeinsamen Kirchen trifft, um den Gottesdienst zu feiern und so wieder größere Besuchszahlen und dadurch ein intensiveres Gemeinschaftsgefühl erhält.

Was mit den »unbespielten« Kirchen passiert, steht auf einem anderen Blatt: Da muss sehr sensibel und seriös herangegangen werden, um eine gute Verwendung zu finden – und wenn sie nur, wie manche Kapellen, für einkehrende Pilger offen stehen oder für – auch kirchenfremde – Menschen mit kreativen Lösungen. Außerdem sollte man sich – weil wir gerade beim Kirchenbesuch sind – darüber im Klaren sein, dass man nie einen Gottesdienst machen kann, der für alle gleich spannend ist. Sicherlich können Senioren etwas aus einem Jugendgottesdienst mitnehmen, aber ob Jugendliche immer bei einem Seniorenheimgottesdienst angesprochen werden, stelle ich in Frage. Es ist schon sinnvoll, Gottesdienste für bestimmte Zielgruppen abzuhalten.

Dabei habe ich die Erfahrung gemacht: Ein liturgischer Traditionsbruch kommt an, wenn er reflektiert, stimmig und nicht willkürlich ist. Die Liturgie blieb nie in ihrer Urform bestehen, sondern wurde immer wieder reformiert – aber bitte mit Sinn und Verstand und Rücksicht auf sinnvolle gewachsene Traditionen.

Zu unserer grundsätzlichen Aufgeschlossenheit gehört jedenfalls, dass inzwischen immer mehr evangelische Kirchen offene Türen haben – denn es ist nicht einzusehen, wegen ein paar möglicher Übeltäter viele, die vielleicht ein kurzes Gebet sprechen oder den Kirchenraum auf sich wirken lassen möchten, auszuschließen.

Offenheit heißt jedoch nicht, dass man alles zulassen muss. Wenn die Konfis im Gottesdienst zu sehr schwätzen, mache ich auch mal eine Pause in der Predigt und setze sie um. Und als einmal im Weihnachtsgottesdienst jemand der Meinung war, er müsste jetzt mit mir eine Diskussion über meine Predigt anfangen, war ich froh, dass die Menschen, die um ihn herum saßen, erklärten, dass das gerade der falsche Rahmen dafür sei – das hätte den Gottesdienst dann doch ziemlich schwierig gemacht. Man kann freundlich sein – und trotzdem bestimmt!

Es gibt den Spruch »Wer für alles offen ist, der kann nicht ganz dicht sein!« Ein witziger Spruch, aber ich bezweifle, dass er stimmt. Man kann offen bleiben und trotzdem sein Profil bewahren. Weil Offenheit zu unserem christlichen Profil dazugehört. Man kann auch offen bleiben und trotzdem seine Traditionen pflegen. Aber: So sehr man sich auch bemüht, die Liturgie zu reformieren, Kirchen modern zu nutzen, etwas für alle Zielgruppen anzubieten: Es werden immer wieder Menschen aus der Kirche austreten.

Der Hauptgrund dafür bleibt das Geld. Würde das Kirchensteuersystem anders gelöst, würden viele Menschen Kirchenmitglieder bleiben. Man müsste flexibler denken, etwa dass Berufseinsteiger erst einmal entscheiden sollten, wie viel sie zahlen können. Gerade junge Menschen zwischen zwanzig und dreißig treten aus, nach dem ersten Schock, wenn sie die Abgaben für die Kirchensteuer auf ihrem Gehaltszettel entdecken.

Aber letztlich ist es eine gesamtgesellschaftliche Entwicklung, dass man mehr auf sich selbst schaut und nicht auf das Gemeinschaftliche. Das Klischee der egoistischen Gesellschaft will ich aber auch nur bedingt beschwören, denn ich erlebe immer wieder, wie Menschen sich um andere kümmern und ihnen helfen.

Doch ganz konkret zum Kirchenaustritt fällt mir einer ein: Tim, so nenne ihn mal, obwohl er anders heißt, hat seine eigene kleine Firma gegründet und verdient seit Jahren nicht schlecht. Tim besuchte mich kürzlich in der Katharina-von-Bora-Kirche und erklärte mir selbstbewusst, er sei auf Anraten seines Steuerberaters aus der Kirche ausgetreten. Der habe das alles auch ganz schnell erledigt, er wäre jetzt draußen. Und deswegen käme man ja nicht in die Hölle, sagte Tim lächelnd, das glaube ja heute keiner mehr …

»Und der Grund für den Austritt ist nur das Geld?«, fragte ich nach.

Daraufhin rechnete Tim mir vor, er müsse pro Jahr einen gewissen Beitrag an Kirchensteuern zahlen – er hat mir die Zahl auch genannt –, und da habe ihm der Steuerberater gesagt: Das könne man sich sparen. Nach dem Gespräch setzte ich mich daheim hin und rechnete aus, was Tim im Jahr verdienen musste, um so viel Kirchensteuer zu zahlen. Fast schwindlig wurde mir; bei einem solch hohen Einkommen sollte das bisschen Kirchensteuer eigentlich nicht wehtun.

Doch zurück zum Gespräch. Ja, er wäre jetzt aus der Kirche ausgetreten, fuhr Tim fort, aber warum er jetzt hier sei: Eine kirchliche Trauung hätte er dann doch ganz gern im nächsten Jahr – er glaube schließlich an Gott, und den Jesus fände er auch ganz prima! Weil der ja so nett gewesen sei und den Leuten geholfen habe. Und seine Zukünftige würde schon gern kirchlich heiraten, irgendwie, die käme halt aus der DDR, da hätte sie nicht so den ganz großen Zugang zur Kirche gehabt. Zur Not könne er zur Trauung wieder kurz in die Kirche eintreten und danach erneut austreten.

Langsam wurde ich sauer. Die Kirche, so dachte ich, ist doch kein Sportverein, bei dem man nach Gusto ein- und austreten kann.

Öl ins Feuer goss Tim dann mit folgenden Argumenten: »Also, die Kirche hat mit ihrem Geld auch viel Schlimmes gemacht: Kreuzzüge, Inquisition, Hexenverbrennung ...«

Ich riss mich zusammen und sagte so ruhig wie möglich, dass ich hundertprozentig versprechen könne, dass mit seinem Kirchensteuergeld (das er nun aber nicht mehr zahlen wollte) garantiert keine Hexe verbrannt werde!

Das hat ihn jedoch nicht überzeugt. Nein, meinte er, er wolle diese Institution Kirche nicht mehr weiter unterstützen. Wozu brauche es überhaupt eine Kirche? Er könne seinen Glauben ebenso pflegen, wenn er zum Beispiel in den Wald gehe. Da fühle er sich Gott auch irgendwie nah. Und da stören ihn zudem keine anderen, er könne das alles allein mit Gott und sich ausmachen, da brauche er keine Pfarrer und vor allem keine anderen Christen. Die seien ja eh alle seltsam.

Ich war reichlich vor den Kopf gestoßen, auch ziemlich enttäuscht, dass jemand wegen so etwas wie der Kirchensteuer plötzlich zum Rundumschlag gegen die Kirche ansetzte. Ich hatte mir etwas Bedenkzeit erbeten, denn ich wollte überlegen, wie ich auf diesen Angriff reagieren sollte.

Dann, bei einer Predigtvorbereitung für den folgenden Sonntag, hat es »Klick« gemacht. Ich habe den Predigttext gelesen und mir gedacht: Daraus nehme ich die Antwort für Tim! Der Predigttext stand im Galaterbrief: »Einer trage des andern Last, so werdet ihr das Gesetz Christi erfüllen.« (Galater 6,2)

Tim schrieb ich einen Brief, in dem ich ihm den Vers mitschickte und meine Gedanken erläuterte. Tim kenne ich schon lange, deswegen konnte ich mir – meiner Meinung nach – einen ironischen Ton leisten:

Lieber Tim!
Ich hab dir diesen Vers des Apostels Paulus geschickt, weil ich dir noch mal einen Denkanstoß dazu geben möchte, was es mit der Kirche so auf sich hat. Da geht es nämlich nicht nur um Kirchensteuer.
In der Kirche ging es schon immer um Gemeinschaft.
Es freut mich, dass du mit Gott im Wald gern dein Pläuschchen hältst.
Im Wald ist es so: Da krabbelt ein schöner bunter Käfer – und wird von einem Vogel aufgefressen. Der Vogel ruht sich von seinem großen Fang aus, da kommt ein Fuchs, und happs, ist der Vogel weg. Der Fuchs ist glücklich über sein leckeres Essen, da kommt eine Pranke, und ein Bär mampft den Fuchs auf. Der Bär legt sich nach diesem opulenten Mahl unter einem Baum schlafen, da schlägt ein Blitz ein – und der Bär ist tot. So ist die Natur!
Das ist natürlich etwas überspitzt dargestellt, das sieht man jetzt nicht bei jedem Waldspaziergang …

Aber die Liebe Gottes siehst du in diesem Survival of the fittest nicht!
Deswegen halte ich es für wichtig und wertvoll, die Liebe Gottes zu predigen. Und dass Gott uns anhält, uns gerade um Schwächere zu kümmern.
In der Kirche und in der christlichen Gemeinschaft ging es von Anfang an anders zu als im Wald: Für diese christliche Gemeinschaft hat der Austausch über den Glauben dazugehört – und zwar nicht nur mit Gott, sondern ebenso untereinander. Gemeinsames Gottesdienstfeiern, gemeinsames Beten und Singen, aber auch die Gemeinschaft beim Abendmahl hat die Menschen bestärkt im Glauben, hat ihnen Halt gegeben – gerade wenn es ihnen mal nicht so gut ging. Außerdem bereichert es einen sehr, an der Sicht und den Erlebnissen der anderen teilzuhaben.
Für diese christliche Gemeinschaft, lieber Tim, galt seit den Anfangszeiten jener Satz von Paulus: »Einer trage des andern Last.« Die Christen haben sich gegenseitig gestützt und unterstützt, wenn es einem Menschen dreckig ging. Sie haben dieser Person dann geholfen – finanziell, materiell, aber genauso dadurch, dass sie füreinander da waren. Und, lieber Tim, das gibt es auch heute noch in unserer Gemeinde – wenn es jemandem schlecht geht, dann bekomme ich als Pfarrer Anrufe, weil man sich umeinander kümmert. Ich weiß, dass viele verwitwete oder kranke Gemeindemitglieder regelmäßig besucht und versorgt werden. Andere, die das Haus nicht mehr verlassen können, beten daheim für den Rest der Gemeinde. Es ist rührend, wie sich hier die Menschen umeinander kümmern, wenn einer eine Last hat. Dazu ist übrigens der – von dir geschätzte – Jesus unser Vorbild. Auch er hat sich um »belastete« Menschen ge-

kümmert und ihnen versucht, die Last zu erleichtern oder gar zu nehmen, indem er sie von ihren Sünden freigesprochen hat. Wir machen das nicht aus Angst, um nicht in die Hölle zu kommen. Sondern freiwillig und gerne – weil wir durch Jesus von allem befreit sind, was uns belastet, weil wir es nicht für unsere Erlösung tun müssen.

Und die Kirchensteuer ist ein Teil dieses Helfens. Es gibt Menschen in unserer Gemeinde, die haben nur ganz wenig Geld. Die müssen übrigens keine Kirchensteuer zahlen, wenn sie kein Einkommen haben. Die könnte ich zudem nicht besuchen oder unterstützen, gäbe es nicht andere, mit mehr Geld haben, die auch mehr Kirchensteuern zahlen und so das Handeln der kirchlichen Mitarbeiter ermöglichen. Ebenso werden die Diakonie und viele andere Bereiche finanziert, in denen Menschen geholfen wird, darunter die Gemeinde vor Ort – über 50 Prozent der Kirchensteuer geht an die einzelnen Kirchengemeinden.

Ich als Pfarrer bin abhängig von der Kirchensteuer, weil dadurch mein Gehalt gezahlt wird. Aber so kann ich wirklich zu allen Menschen gehen, die mich brauchen, nicht nur zu denen, die genug zahlen. Ich mache Beerdigungen, Taufen und Trauungen bei Arm und Reich, und Seelsorgegespräche kosten nichts! Das alles wird mit der Kirchensteuer gezahlt.

Ich freue mich, dass du Weihnachten noch in die Kirche kommst, vielleicht erinnert dich ja der Christbaum an den Wald, in dem du Gott so nahe bist. Spaß beiseite: Die Kirche ist kein Verein, aus dem man einfach austritt, wenn man nicht mehr zu seinen Veranstaltungen geht. Die Kirche ist so viel mehr. Paulus hat sie mal als »Leib Christi« bezeichnet; die Kirche ist die lebendige Gemeinschaft

der Christen auf der ganzen Welt. Die lebendige Gemeinschaft der Menschen, die Jesu Sache gut finden und unterstützen.
Sieh es doch als die Freiheit: Du kannst zu unseren Veranstaltungen gehen – musst es aber nicht! Ein Freund von mir, der mit Kirche wirklich wenig am Hut hat, hat mir kürzlich gesagt: »Ich bin immer noch gern evangelisch – die nerven nicht, zwingen mich zu nix und lassen mich in Ruhe!« Genauso ist es! Wir werden dich sicher nicht zu unseren Veranstaltungen und Gottesdiensten zwingen – aber komm, wenn du uns brauchst und es dir bei uns guttut.
Und noch ein anderes Thema! Ich hab gehört, deine Zukünftige erwartet ein Kind. Wir haben schon mal darüber gesprochen, dass, wenn ein Kind kommt, ihr es taufen lassen wollt. Was wollt ihr diesem Kind mitgeben? Dass die Kirche ein Dienstleistungsunternehmen ist, das man ausnutzt und ansonsten nicht bezahlt? Oder dass es die lebendige Gemeinschaft Gottes auf Erden gibt, die etwas füreinander und für eine bessere Welt tut? Und dass man eine solche Organisation – bei allen menschlichen Schwächen – gerne unterstützt?
Du hast mir im Gespräch gesagt, du hättest deinen Glauben. Mir hat jemand einmal gesagt: Auch der Geiz ist eine Form des Unglaubens.
Ich hoffe, ich habe dir ein paar Denkanstöße gegeben!
Dein Hannes

Den Brief habe ich übrigens nie abgeschickt. Vieles, was sich darin gut liest, kann genauso als eingeschnappt und patzig missverstanden werden.

Ich habe mit Tim noch ein paarmal gesprochen.

Ob ich die Trauung und Taufe gemacht habe und ob er doch nach vielen Gesprächen wieder eingetreten ist, verrate ich aber nicht.

Der gemeinsame Lauf

Es gibt bei allem, was wie die Kirchenaustritte so ein Pfarrersherz schwermacht, immer wieder viel Anlass zur Freude.

Ökumene ist zum Beispiel super!

Sie haben was anderes gehört? Evangelisch und katholisch würden sich nicht vertragen und die Gespräche würden nicht vorangehen? Quatsch. Auch wenn es manchmal danach ausschaut, als würde sich gerade wenig bewegen, muss uns immer bewusst bleiben, was sich in den letzten fünfzig Jahren alles getan hat. Früher wurden konfessionsverschiedene Paare von Teilen der Familie verstoßen. Früher war es eine Todsünde, als Katholik in eine evangelische Kirche zu gehen. Früher waren ökumenische Gottesdienste nicht möglich.

Heute darf ich als evangelischer Pfarrer problemlos jemand katholischen trauen oder auch beerdigen, wenn das gewünscht ist. Es ist sogar ein gemeinsamer Taufgottesdienst für ein evangelisches und katholisches Kind möglich, mit meinem sehr aufgeschlossenen katholischen Kollegen, der sich »KuK« (Konzil und Krawatte)-Priester nennt, vom Zweiten Vatikanischen Konzil (1962–1965) geprägt ist und statt dem »besonders machenden« Kollarhemd häufig einen älteren Strickpulli mit weißem Hemd darunter und Krawatte trägt! Dabei werde ich von seiner Sicht und seinen Schwerpunkten bereichert, und ich weiß, dass er meine genauso schätzt.

So läuft es an vielen Orten! Und das muss es auch: Denn

zusammen vertreten wir als große Konfessionen gewöhnlich das Christentum vor Ort. Die Krise der Kirchen ist eine Chance für uns, die alten Grabenkämpfe endgültig beizulegen und gemeinsam einzustehen für unseren Glauben in der Welt.

Früher, im Studium, habe ich bei vielen Gelegenheiten gegen die katholische Kirche geschimpft, und es gab – in meinen Augen – genügend Anknüpfungspunkte dafür: diese strenge Hierarchie, der Zölibat, einige seltsame Lehren. Dazu die Heiligenverehrung … In meiner Vikariatsgemeinde hatten wir eine Predigtreihe zu mehreren Heiligen, und in einer meiner ersten Predigten verkündigte ich ziemlich arrogant von der Kanzel: »Was sollen wir Protestanten und Protestantinnen mit dieser obskuren Heiligenlegende anfangen, die nicht biblisch ist und dazu noch, ehrlich gesagt, ganz schön fantastisch anmutet. Auch ich habe meine Vorbehalte gegen solche Heiligengeschichten, aber ich möchte Sie einladen, dass wir uns heute mal darauf einlassen und so tun, als wären sie wahr.«

Das ist mir inzwischen ganz schön peinlich. Inzwischen habe ich solche Vorbehalte abgelegt. Denn auch wenn wir Evangelischen Heilige nicht anbeten, so können wir sie doch als »Vorbilder des Glaubens« sehen. Und müssen Geschichten unbedingt historisch sein, um »wahr« zu sein?

Manchmal habe ich als Student im Gottesdienst nach »Ich glaube an die heilige christliche Kirche« sogar kurz geschwiegen. Diesen Teil mit der »Gemeinschaft der Heiligen« ausgelassen. Weil er mich so geärgert hat! Wenn da von der Gemeinschaft der Heiligen gesprochen wird – was hatte denn ich als Evangelischer mit denen zu tun? Wir haben keine Heiligenverehrung. Wir haben keine Pilgerfahrten zu ihren Gräbern oder den Orten, wo die Heiligen gewirkt haben. Und wir sammeln auch keine Reliquien.

Irgendwann einmal sprach mich ein alter Mann im Gottesdienst darauf an. Warum ich denn bei der Gemeinschaft der Heiligen plötzlich ruhig geworden wäre. Und ich erzählte ihm, was mir nicht passte an diesen christlichen Überfliegern.

Er lachte und sagte: »Die Heiligen sind doch im Glaubensbekenntnis gar nicht gemeint. Es geht da um die Getauften. Um uns. Die wir durch die Taufe von Gott als heilig bezeichnet werden, weil wir zu Gott, dem Heiligen, überhaupt gehören. Und nun ein bisschen Heiligkeit in die Welt bringen können. Ist das so schlecht, daran zu glauben?«

Und seit damals kann ich das mit der Gemeinschaft der Heiligen wieder mitsprechen. Denn da geht's nicht um einen abgehobenen Eliteverein – sondern um uns alle! Wir sind die Gemeinschaft der Heiligen.

Und was die Reliquien betrifft, da habe ich ebenfalls umgedacht. Im Studium spotteten wir viel darüber, was denn katholische Pilger daran fänden. Die Augen geöffnet haben mir wieder einmal meine Grundschüler.

Ich fragte meine Klasse: »Was sind Reliquien?«

Eine Schülerin meldete sich und meinte: »Sind das nicht Souvenirs vom Jesus?«

Ich musste lachen. Eine super Beschreibung. So hatte ich es noch nicht gesehen. Souvenirs, Andenken, Mitbringsel von Jesus und den Heiligen. So wie bei mir Andenken an Urlaubsreisen herumstehen. Die kleine Trommel aus Kuba. Der siebenarmige Leuchter aus Israel. Das Bild aus Taizé oder der Kerzenhalter aus Menorca. Sie erinnern mich an die schöne Zeit, die ich an den jeweiligen Orten hatte. Sie rufen Bilder hervor. Sie bestätigen: »Ja, da warst du wirklich!«

Vielleicht sollten Reliquien nichts anderes sein. Erinnerungen daran, dass Jesus wirklich gelebt hat. Dass in ihm Gott auf die Welt kam und noch immer in ihr wirkt. Sie sollten Bestätigungen sein: Ja, so war das wirklich. Und schon kann ich mit ihnen viel mehr anfangen, wenn man es so sieht.

Es geht in diesem Umdenken auch wieder um Macht: Ich sollte als Außenstehender nicht die Macht ausüben, mich über die Frömmigkeit anderer zu erheben, selbst wenn ich mit manchem theologisch nichts anfangen kann. Auswüchse kritisch kommentieren: ja. Dazu bin ich Kabarettist. Aber etwas, was Menschen Kraft, Mut, Halt und Hoffnung gibt, schlechtzumachen, halte ich für verkehrt.

Was ich hingegen immer wieder hinterfrage, sind Lehren, bei denen Menschen Angst gemacht wird oder bei denen sie kleingehalten werden. Dazu gehören für mich die Lehren vom Teufel und von der Hölle: Zunächst einmal muss man über den Teufel festhalten, dass es ihn gar nicht gibt. Zumindest nicht so, wie Maler und andere Künstler ihn sich seit vielen Jahrhunderten vorgestellt haben: mit Dreizack und Teufelsfuß, mit Hörnern und rotem Umhang. Wenn es etwas wie das personifizierte Böse überhaupt geben sollte, würde es sicher nicht so peinlich herumrennen wie der Teufel aus dem Kasperletheater.

Selbst in den offiziellen Verlautbarungen hält sich – zumindest die evangelische Kirche – sehr zurück, was den Teufel angeht. Ist Ihnen schon einmal aufgefallen, dass weder er noch die Hölle im Glaubensbekenntnis vorkommt? Dort, wo die Christen der ersten Jahrhunderte ihren Glauben aufgeschrieben haben, alles, was ihnen am Christlichen wert- und sinnvoll erschien, da war kein Platz für den Teufel. Das lässt einen schon sehr grübeln. Ich find's gut.

Sicher, im Vaterunser steht: »Erlöse uns von dem Bösen …«, aber ich habe das immer recht weit gefasst, es als »das Böse« verstanden und nicht als etwas, das auf eine Person – »der Böse« –

konzentriert ist. Das hat Gründe: Dass es einen ebenbürtigen Gegenspieler dieses liebenden Gottes, der alles erschaffen hat, geben soll, ist kaum vorstellbar. Denn dann wäre dieser nicht mehr allmächtig, der Schöpfer des Himmels und der Erde, sondern es gäbe eine ebenbürtige Gegenmacht – den Teufel.

Schon im Buch Hiob im Alten Testament haben die Theologen des frühen Judentums die Macht des Diabolus, des Durcheinanderwerfers, gewaltig eingeengt: Er ist dort ein Teil des göttlichen Thronrats, einer, der für Gott arbeitet. Kein mächtiger Luzifer, sondern ein kleines Licht, ein Zuarbeiter Gottes.

Aber wo kommt dann das Böse in der Welt her?

Dass es das gibt, das kann keiner bestreiten, dazu muss man nur die Zeitung aufschlagen – aber wir Menschen würden es uns zu leichtmachen, wenn wir sagten: »Da ist der Teufel am Werk.« Damit zieht man sich selbst aus der Verantwortung. Denn da sind wir Menschen meistens höchstpersönlich am Werk. Das Böse stammt nicht vom Teufel ab, sondern es wirkt aus uns selbst.

Als ich mich in einer Predigt einmal über den Teufel und meine Fragen darüber ausgelassen hatte, schloss ich mit:

Zufrieden blickte ich auf meinen Computer, als ich diese Predigt abgeschlossen und die Existenz eines Teufels und einer Hölle stark angezweifelt hatte. Neben dem Computer lag mein Kalender.
Stirnrunzelnd schaute ich drauf: noch zwei Geburtstagsbesuche: Die eine Frau hatte kürzlich ihren Mann verloren, der würde ein Besuch sicher guttun, der andere, anstrengend, der schimpft immer auf die Kirche und regt sich (und mich) furchtbar auf. Aber er bleibt dabei, vielleicht

auch, weil ich ihm die Stirn biete. Danach noch ein Besuch im Altenheim – oh, der dauert immer ewig, den alten Mann besucht sonst niemand, und er lässt mich nicht unter einer Stunde gehen – und die Vorbereitung einer Andacht zu einem ganz speziellen Anlass. Da sitz ich auch noch mal eine Stunde dran.

Plötzlich hörte ich eine leise Stimme: »Gönn dir doch mal was Gutes! Geh heut nicht zu den ganzen alten Leuten, sondern lieber in die Therme. Sag ihnen, du hättest es nicht geschafft, sie zu besuchen. Und für die Andacht nimmst du was Altes, das fällt keinem auf!«

Ich stutzte. Lag da nicht auch ein gewisser Schwefelgeruch in der Luft?

Wie ich mich entschieden habe, verrate ich Ihnen nicht! Ob es einen Teufel gibt, weiß ich jedenfalls weiterhin nicht, genauso wenig, wer mich da immer wieder in Versuchung führt. Aber es gibt einen, der uns hilft, den Versuchungen – den echten Versuchungen – zu widerstehen.

Und das ist Jesus Christus.

Nach der Predigt haben sich einige Menschen, wie ich im Nachhinein erfuhr, angeregt im Kirchencafé darüber unterhalten, ob ich denn wohl in die Therme gegangen sei. Ich schweige weiterhin.

Aber der Teufel ist kein Thema des ökumenischen Dialogs, es gibt in allen Konfessionen Strömungen, die mit Teufel und Hölle Angst verbreiten und Macht ausüben wollen. Das ist aber nicht die (gemeinsame) Zukunft der Kirche. Die Zukunft der Kirche liegt in Nächstenliebe und Demut. So wäre der beste Umgang der Gläubigen untereinander und der Konfessionen miteinander.

Gleichzeitig nehme ich wahr: Das gemeindliche Interesse an der Ökumene schläft langsam ein wenig ein. Aber nicht aus dem Grund, dass kein Wohlwollen existiert, weder von der einen noch von der anderen Seite, sondern weil die Ziele, die man sich einst gesetzt hatte, im Wesentlich erreicht sind. Vorbei sind die alten Grabenkämpfe aus Luthers Zeiten, der ja keine eigene Konfession gründen, sondern die katholische Kirche reformieren wollte.

Man kennt sich jetzt und die gegenseitigen Eigenheiten und zieht auch (meistens) am selben Strang. Ich respektiere jeden, der in der katholischen Konfession seine Heimat findet, so wie ich dafür akzeptiert werden möchte, dass die evangelische Kirche meine ist. Ich möchte sicher niemanden »abwerben«, bin höchstens noch etwas enttäuscht, wenn es uns wegen der katholischen Kirchen- und Sakramentslehre verwehrt ist, als »Kirche« in ihrem Sinne anerkannt zu werden und das Abendmahl gemeinsam zu feiern. Das sind Themen, die vielleicht im universitären Raum eine Rolle spielen, aber den Gläubigen »unten« egal sind. Die Katholiken sehen unsere fähigen Pfarrerinnen und hätten solche auch gern in ihrer Konfession. Sie sehen keine Gründe, warum wir nicht zusammen Abendmahl feiern sollten. Bei Jesus saß sogar Judas mit am Tisch, warum sollte es dann für jemanden von der anderen Konfession nicht möglich sein? Außerhalb der Kirche sorgt das für Kopfschütteln, da es niemand versteht. Kann man es einem kirchenfernen Menschen irgendwie nachvollziehbar machen, dass Christen, die an denselben Gott und denselben Jesus glauben, nicht gemeinsam Abendmahl feiern können? Auch da – fürchte ich – geht es letztlich wieder um Machtfragen und Auslegungshoheit.

Selbst in der evangelischen Kirche gibt es unterschiedliche Abendmahlsverständnisse, zum Beispiel zwischen Lutheranern und Reformierten (die eher von der Schweizer Reformation und deren Reformatoren Ulrich Zwingli und Johannes Calvin geprägt sind). Gottlob ist dort inzwischen ein gemeinsames Abendmahl möglich. Wir haben die dortigen Unterschiede in einem Sketch des *Weißblauen Beffchens* einmal aufs Korn genommen, indem wir in Anlehnung an Loriots berühmte »Herren in der Badewanne« (Herrn Müller-Lüdenscheid und Dr. Klöbner) mit Luther und Zwingli zwei »Herren an der Kanne« aufeinandertreffen ließen. Und statt dem kultigen »Die Ente bleibt draußen« hieß es bei uns: »Der Christus bleibt draußen.« Probleme, die heute kaum mehr für jemanden nachvollziehbar sind, die aber den Umgang der Konfessionen miteinander prägten.

Trotz der Unterschiede – oder vielleicht auch deswegen, Gegensätze ziehen sich ja bekanntlich an – bleibe ich bei meiner Meinung: Ökumene ist super!

Die ökumenischen Kämpfe, die etwa ausgefochten werden mussten, wenn ein Paar heiraten wollte, bei dem der eine Partner katholisch und der andere evangelisch war, gehören der Vergangenheit an. Die Verletzungen saßen einst tief, wenn sich ganze Familienzweige noch in den 1950er-Jahren von jemandem abwendeten, weil der Partner oder die Partnerin der anderen Konfession angehörte. Auch heute höre ich manchmal – sehr, sehr vereinzelt – von solchen Sturköpfen, das sind dann neunzigjährige Großväter, die ihren Enkeln vorschreiben wollen, wen sie zu ehelichen haben. Diese Enkelgeneration lässt sich aber vom Großvater in dieser Hinsicht meistens nichts mehr sagen. Der kann ja versuchen, übers Erbe wieder Macht auszuüben. Schon wieder Macht – das scheint im (religiösen) Umgang miteinander immer ein schlechter Ratgeber zu sein.

Ich selbst habe viele ökumenische Trauungen vollzogen, zusammen mit katholischen Priestern. Und bei der gewissermaßen ökumenischen Taufe, bei der ein Kind evangelisch und ein anderes katholisch getauft wurde, haben der katholische Priester und ich uns dann in Predigt und Liturgie einander die Bälle zugeworfen. Die Gemeinde war begeistert.

Die Ökumene ist die Zukunft, und in einer Gesellschaft, in derder christliche Glaube anscheinend nicht mehr so wichtig ist, ist es wichtig, die Gemeinsamkeiten zu betonen und nicht die Unterschiede. Den evangelischen und den katholischen Glauben sehe ich wie zwei unterschiedliche Abteilungen einer Firma, die gemeinsam eine Sache erreichen wollen.

Gut wäre es, wenn es gelänge, bei Themen, bei denen Kirchenmenschen unendlich viel Schuld auf sich geladen haben, wie etwa Kindesmissbrauch – es ist einfach schrecklich, was da passiert ist –, zusammen aufzutreten und eine gemeinsame Linie des Schuldeingeständnisses, der Opferhilfe und der weiteren Prävention und, sollte es wirklich noch einmal vorkommen, der Ahndung und strengen Bestrafung zu entwickeln.

So weit sind wir leider noch nicht. Die Strukturen sind immer noch andere. In der katholischen Kirche herrscht eine strengere Hierarchie, während in der evangelischen Kirche jeder seinen oder ihren Senf munter dazugibt. Das ist gut lutherisch – aber manchmal wünsche ich mir schon einen einheitlicheren Kurs, wenn insbesondere zu ethischen Angelegenheiten viele Meinungen aus Ecken mit unterschiedlicher Frömmigkeit kommen. Wenigstens sind wir uns beim Missbrauch einig, dass dort eine Null-Toleranz-Linie gilt.

Gern bin ich in der evangelischen Kirche, weil in ihr ein Pfarrerkabarett wie das *Weißblaue Beffchen* möglich ist. Jedenfalls kenne ich – außerhalb von Büttenreden und Witzeerzählen – keine Kabarettauftritte von katholischen Priestern, höchstens von Pastoralreferenten, also hierarchisch eine Ebene darunter.

Mir wurde dazu einmal von einem solchen erklärt, dass Priester sich nicht trauen würden, ihre Kirche offen zu kritisieren, da sie sonst »von oben« (und damit ist der entsprechende Bischof und nicht der liebe Gott gemeint) eins auf den Deckel bekommen. Ich weiß nicht, ob das so stimmt, aber es wäre für mich eine mögliche Begründung.

Ich gebe es zu: Ich bin auch fasziniert von vielem in der katholischen Kirche, und ich finde vieles wertvoll und wichtig. Mit dem Papsttum und den dazugehörigen Dogmen habe ich allerdings meine Probleme. Ich musste mir deswegen 2019 natürlich den Film *Die zwei Päpste* des brasilianischen Regisseurs Fernando Meirelles anschauen, in dem es um Benedikt XVI. (lustigerweise dargestellt von Anthony Hopkins, der ja besonders als Killer-Kannibale Hannibal Lector Filmgeschichte schrieb), und den gegenwärtigen Papst Franziskus (Jonathan Pryce, der auch ironischerweise eine ähnliche religiöse Reformfigur in der Kultserie *Game of Thrones* spielte) geht, der im Film noch nicht Papst war, sondern Kardinal Jorge Mario Bergoglio. Der Film handelt davon, dass Bergoglio nach Rom reist, um über sein Rücktrittsgesuch zu sprechen. Seine Visionen und Vorstellungen von der römisch-katholischen Kirche stimmen nicht mit dem konservativen bis reaktionären Kurs des Vatikans unter Benedikt XVI. überein.

Mich interessierte der Film, weil Benedikt XVI. in meiner evangelischen Theologengeneration stets als großer Bremser einer liberaleren katholischen Kirche und fast als Feindbild angesehen wurde, außerdem vor der Papstwahl Leiter in der Glaubenskongregation war, der – wie es uns oft gesagt wurde – »Nachfolgeinstanz der Inquisition«. Dann wurde Kardinal Ratzinger 2005 Oberhaupt der römisch-katholischen Kirche, und es ging gefühlt überhaupt nichts voran. Schließlich wurde er

– so schien es – alt und amtsmüde und trat 2013 zurück, seit Jahrhunderten als erster Papst noch zu Lebzeiten. Damals saßen wir zufälligerweise gerade beim Schreiben eines Beffchen-Programms und waren baff.

Über den Film *Die zwei Päpste* fand ich einen neuen Zugang zu Joseph Ratzinger beziehungsweise Benedikt XVI. Dieser wird im Film als zwar konservativer, aber durchaus auch liebenswerter älterer Herr geschildert, der zum Beispiel – was zu stimmen scheint – mit Leidenschaft *Kommissar Rex* schaut. Mich rührte es, denn so wurde mir bewusst (was ich eigentlich ja weiß), dass sich hinter den strengen Strukturen und herrschaftlichen Ämtern ebenso Menschen verbergen. Hinter ihrer Fassade, die sie aufrechterhalten müssen, sind sie auch nur ältere Männer, die im Grunde das Beste für die Kirche und die Gläubigen wollen. Dass sie mit diesem Anspruch in manchen Bereichen die falsche Entscheidung getroffen habe, sollten sie dann aber auch zugeben. Es würde ihnen einen Zugewinn an Sympathie verschaffen.

Das Gegenteil des katholischen hierarchischen Prinzips ist das evangelische. Da sind viele Pfarrerinnen und Pfarrer rasch der Meinung, dass sie zu allem – auch wenn ihr Theologiestudium und die letzte intellektuelle Betätigung schon Jahrzehnte zurückliegen – etwas beizutragen haben. Dadurch kann es dazu kommen, dass mancher Gläubige das Gefühl hat, dass das, was ein Dorfpfarrer sagt, die Meinung der kompletten Kirche sei. Im Internet kann inzwischen außerdem jeder seine Meinung verbreiten, und jeder kann sie sich anschauen oder anhören.

Sterbehilfe wäre ein aktuelles Thema. Dazu gibt es viele legitime Ansichten. Aus biblischer Perspektive sehe ich hierzu kein klares Ja oder Nein. Entscheidend ist, mit Menschenwürde und Selbstbestimmung eine gute und individuelle – denn es geht um einzelne Menschen und ihren eigenen Leidensweg – Lösung zu finden.

Nach dem Urteil des Bundesverfassungsgerichts von 2020 darf ein anderer einem Menschen etwa das Medikament geben, wenn dieser selbstbestimmt sterben will. Die Beihilfe zum Suizid ist in Deutschland nicht strafbar. Als Pfarrer möchte man Menschen vor allem Trost spenden und Hoffnung geben, egal ob das Leben bald endet oder noch lange dauert. Oft genug habe ich bei älteren Menschen wahrgenommen, dass sie wegen einer schweren Erkrankung nicht mehr leben möchten, weil sie niemandem zur Last fallen wollen, insbesondere nicht den eigenen Kindern. Ich berichte dann aus meiner Erfahrung, dass es inzwischen eine ziemlich gute palliative Versorgung gibt, dass meine krebskranke Großmutter ihre letzten, sehr würdevoll und liebevoll begleiteten Lebenswochen in einem Hospiz in Bayreuth zubringen durfte. Ebenso ein sehr guter Schulfreund, der leider an einem Hirntumor verstarb und dort ebenfalls altersgemäß und respektvoll unterstützt wurde. Das habe ich inzwischen auch bei vielen Gemeindemitgliedern beobachten können. Für diese Menschen und für ihre Angehörigen war ein würdevolles Abschiednehmen – selbst bei längerer Erkrankung – möglich. In diesem Hospiz wie in ähnlichen Einrichtungen im ganzen Land arbeiten oft sehr besondere Menschen mit großer Empathie und viel Engagement. Ein älterer Herr, der begeisterter Reiter war, wurde im Hospiz noch einmal von seinem Lieblingspferd besucht.

Und somit kann ich mich nicht eindeutig auf die eine oder die andere Seite stellen, wenn es um Sterbehilfe geht. Klare Antworten könnte ich nicht geben, sondern immer nur individuell entscheiden. Ich kann einzig sagen, dass die Palliativmedizin schon sehr weit ist und in diesen Häusern oder Stationen es

Sterbenden ermöglicht wird, ohne Schmerzen zu sein. Aber natürlich gibt es Menschen, die es nicht aushalten, wenn sie ständiger Pflege bedürfen.

Einmal nahm ich an einer Veranstaltung in der Katharina-von-Bora-Kirche teil, in der es um Sterbehilfe ging. Ich saß nach meiner Begrüßung im Publikum, und ich musste erleben, wie zwei Fronten aufeinandertrafen, völlig verhärtet. Hier und da Verbitterung, ohne dass sich irgendwie Einsicht oder Vernunft durchsetzen konnten. Bei einem so sensiblen Thema wie der Sterbehilfe, bei dem viele der Anwesenden leidvolle Erfahrungen mit dem Sterben von geliebten Menschen gemacht hatten, tat es mir richtiggehend weh, dass man so auf den anderen losging, ohne die jeweilige Argumentation verstehen zu wollen, geschweige denn zu akzeptieren. Stattdessen wurden absurde Fragen gestellt, um den Gegner »niederzumetzeln«. So wurde ein Pfarrer auf dem Podium von einem Sterbehilfebefürworter gefragt: »Glauben Sie an die Hölle?« Wahrscheinlich um ihn in eine bestimme theologische Ecke zu drängen. Ich fand das sehr unwürdig.

Das ist nur exemplarisch – bei allen Themen wäre es notwendig, den eigenen Standpunkt etwas zu verlassen und den Blickwinkel des anderen einzunehmen. Eine nordamerikanische Weisheit besagt: »Wenn du nicht tausend Meilen in den Mokassins des anderen gegangen bist, hast du kein Recht, über ihn zu urteilen.« Viele Missverständnisse und Konflikte entstehen, wenn wir im Tunnelblick-Modus leben. Wir alle haben unsere eigenen Gründe, uns auf eine bestimmte Art und Weise zu verhalten. Doch im seltensten Fall sind diese Beweggründe für das Gegenüber klar ersichtlich.

Gern möchte ich den anderen verstehen, und dazu würde ich ihn gern zu seiner eigenen emotionalen Beteiligung befragen.

Denn wird diese nicht offen dargelegt, werden Argumente vorgeschoben, die oft sehr durchsichtig sind.

Es gibt für viele ethischen Fragen keine einfachen Entscheidungen. Im Zweifelfall schaue ich erst einmal auf Jesus, wie er uns überliefert ist und auf den wir Christen uns berufen. Jesus, der niemanden ausgegrenzt hat, sondern auch denen seine Nächstenliebe näherbrachte, von denen andere sich abgewendet hatten. Jesus erklärte gegenüber seinen Jüngern: »Fürchtet euch nicht!«, als er sie in die Welt aussandte, um zu predigen und zu heilen. Weniger Furcht ist allgemein ein guter Ratgeber für unsere Welt.

Außerdem verfolge ich die kirchlich-ethische Diskussion, und die ist oft sehr fundiert und differenziert. Wir haben aus unserer Tradition etwas Sinn-volles (im wahrsten Sinne des Wortes) zu jedem ethischen Thema beizutragen. Wir bekräftigen Menschenwürde und -rechte. Wir stärken das Selbstbild des Einzelnen als geliebtes Wesen. Und wir haben immer den diakonischen Aspekt sowie den Frieden im Blick.

Es ist meiner Meinung nach den religiösen Geiferern, unreflektierten Dauerschwätzern, seichten Frömmlern und kirchlichen Sturköpfen zu verdanken, dass die Kirche mit ihren guten ethischen Positionen im toten Winkel gelandet ist. Diese stehen aber nicht stellvertretend für die Mehrheit der Christen, sondern es sind einzelne, an die Karikatur grenzende Persönlichkeiten. Die meisten Christen sind moderne, fundierte, abwägende, kluge Menschen, die zu ethischen Fragestellungen sehr wohl gute und reflektierte Meinungen haben – am besten im Austausch mit anderen, wodurch sie ihre Ansichten noch schärfen.

Im Austausch mit Gläubigen vor Ort und durch die Jahrhunderte. Gemeinsam. Wobei wir uns immer wieder gegenseitig im Glauben bestärken!

Meine Vorstellung von Ökumene sieht nämlich auch so aus: Im Hebräerbrief aus dem Neuen Testament findet sich dieses Bild vom Glaubensleben als Lauf. Da steht: »Alle diese Zeugen, die uns wie eine Wolke umgeben, spornen uns an. Darum lasst uns durchhalten in dem Wettlauf, zu dem wir angetreten sind, und alles ablegen, was uns dabei hindert, vor allem die Sünde, die uns so leicht umgarnt!« (Hebräer 12,1)

Glauben ist für mich wie Laufen, und die Zeugen, die uns wie eine Wolke umgeben, spornen uns an. Wie ist das zu verstehen?

Das Wort »Wolke« meint im Griechischen, in dem der Hebräerbrief uns ursprünglich vorliegt, auch die überquellende Fülle einer großen Menschenmenge, die zum Beispiel bei einem Wettkampf im Stadion sitzt. Wahrscheinlich wurde der Hebräerbrief in Rom geschrieben, zu einer Zeit, als das Kolosseum gerade gebaut wurde. Und vielleicht kann man sich die »Wolke der Zeugen« als Menschenmenge vorstellen, die sich auf den Bänken des Kolosseums niedergelassen hat. Und wir sind die Sportler. Wir laufen den Glaubenslauf.

Dabei liegt der Schwerpunkt allerdings nicht auf der Schnelligkeit, sondern im Durchhalten. Denn das kann beim Laufen genauso schwer sein wie im Glauben. Bei beiden kann einem die Puste ausgehen! Beim Laufen ist klar, warum – falsche Technik, die falschen Schuhe, schwierige Strecke etc. Beim Glauben könnte es deswegen sein, weil man aufgrund des ganzen Leids in der Welt an einem liebenden Gott zweifeln könnte. Oder weil einem manche wissenschaftlichen Erkenntnisse das Festhalten an den ein oder anderen Glaubenssatz erschweren. Oder weil man es wegen persönlicher Schicksalsschläge schwer mit Gott hat, der es doch angeblich gut mit uns meint. Das sind die schwierigen Strecken für unseren Glaubenslauf.

Deswegen stellt der Autor des Hebräerbriefs sich Folgendes vor: Die Zeugen für Gottes Handelns sitzen auf den Rängen und feuern uns an! Was für eine Atmosphäre. Wir Glaubende als Läufer im vollen Kolosseum, sämtliche Ränge sind besetzt, und alle spornen uns mit Begeisterung an, sind auf unserer Seite.

Als ich 2018 zum ersten Mal beim »Maisel's FunRun« in Bayreuth mitmachte, war ich überrascht, dass ich im Endeffekt eine halbe Minute pro Kilometer schneller war als beim Training. Das lag mit Sicherheit daran, dass ich überall angetrieben wurde, rund um den Markt und in den Seitenstraßen – mit Trommeln, mit lautem Rufen. Sogar mit dem Vornamen, der auf dem Startnummernschild stand. Und die anderen Läufer wollten einen nicht ausbremsen, sondern man half sich gegenseitig und unterstützte sich, wo es möglich war.

So stelle ich mir auch den Glaubenslauf vor!

Doch wer sind diese Glaubenszeugen auf den Rängen?

Der Hebräerbrief nennt einige von ihnen. Da finden wir aufgelistet die Glaubenshelden des Alten Testaments: Noah, Abraham und Isaak, Jakob und Moses, die Richter Gideon und Simson, Samuel und David, Elia und sogar jemanden wie die Prostituierte Rahab, die bei der Eroberung Jerichos geholfen hat. Ein Who's who der alttestamentlichen Heldengestalten.

Doch neben dieser Wolke der Zeugen sehe ich aber noch andere Zeugen des Glaubens in den Rängen sitzen, die der Hebräerbrief nicht nennt. Ich erkenne da die neutestamentlichen Zeuginnen und Zeugen wie die Jünger, Maria, Maria Magdalena und Paulus. Zeuginnen und Zeugen aus der Kirchengeschichte, Heilige wie Franziskus, Clara oder Augustin, weise Päpste neben Reformatoren wie Martin Luther, Katharina von Bora, Johannes Calvin oder Melanchthon. Auch Menschen aus der moderneren Glaubensgeschichte haben sich auf den Rängen niedergelassen, Albert und Helene Schweitzer, Dietrich Bonhoeffer und Frère Roger, Martin Luther King und Mutter Teresa. In ökumenischer Eintracht haben sich diese Zeugen des Glaubens begeistert auf den Rängen platziert, feuern mich an und geben mir Mut!

Und schließlich ist da noch eine Ecke im Kolosseum, in der meine persönlichen Glaubenszeugen sitzen und mich anstacheln: der Student, der mir im Kindergottesdienst den Glauben näherbrachte; der Pfarrer, der mich konfirmierte oder bei dem ich im Religionsunterricht saß; im Studium liberale Querdenker oder tiefgläubige, fast pietistische Kommilitonen, mit denen man über alles diskutieren konnte und die einem ketzerische Thesen nicht übelnahmen; eine Pfarrerin, die im Studium meine Seelsorgerin wurde; die vielen tollen Menschen in der Gemeinde mit eigenem Glauben, eigenen Zweifeln, eigenen Glaubensbiografien. Alles Zeugen des Glaubens.

Ich schaue mich um im großen Kolosseum. Ich sehe Wissenschaftler und Wissenschaftlerinnen, ich sehe große Physiker und Physikerinnen, Staatsmänner und Staatsfrauen, Philosophinnen und Philosophen, Friedenstifter und Friedenstifterinnen, ich sehe Freundinnen und Freunde. Der evangelische Pfarrer Wilhelm Löhe – der da bestimmt auch irgendwo hockt – hat es so ausgedrückt: »Dass ich nicht allein bin, dass ich nicht allein walle, dass mit mir zugleich eine Gemeinde Gottes durch das Jammertal pilgert, ist mir ein so erfreuender, heimatlicher Gedanke … Nun ist die Gemeinschaft der Heiligen kein bloßer Gedanke, sondern unumstößliche Gewissheit. Ich weiß aus Gottes Munde, dass ich nicht allein bin, dass ich zum Hause Gottes walle unter Haufen, die da feiern.«

Die Gemeinschaft der Heiligen ist die Wolke der Zeugen, die uns begleitet. Sie ist kein Prüfungsgremium, das uns überwacht, sondern es sind unsere Unterstützer, die uns helfen wollen, in dieser Welt im Glauben zu bleiben. Denn Glauben macht das Leben besser! Dadurch, dass man geliebt und gewollt ist, dass man Teil einer guten Gemeinschaft ist, dass man nicht einmal vor dem Tod Angst haben muss.

Jesus steht beim Glaubenslauf an der Ziellinie – zu ihm sind wir unterwegs. Er ist aber kein kritischer Schiedsrichter, der uns unsere Lauffehler aufzählt – nein, ich bin überzeugt: Der feuert uns am lautesten an!

Bratwürste im Himmel

Kommen wir nun zu den letzten Dingen.

»Gibt's denn im Himmel auch Bratwürste?«, fragte mich einmal ein Drittklässler und brachte mich damit ganz schön in die Bredouille.

Aber wen sollte er sonst fragen? Als Pfarrer muss ich mich doch mit solchen Glaubenssachen wie dem Leben nach dem Tod auskennen. Immerhin erzähle ich wieder und wieder von dem Jesus, der gestorben und auferstanden ist und uns allen dadurch gezeigt hat, dass uns ein ewiges Leben bei Gott erwartet. Dass wir deswegen keine Angst vor dem Tod haben müssen, weil Gott uns durch ihn ins ewige Leben führt. Aber wie es im ewigen Leben genau aussieht, weiß ich leider auch nicht.

Aber wahrscheinlich sollte ich von allen Lehrern als Religionslehrer dem Drittklässler noch am ehesten Antwort geben können, ob's im Himmel denn Bratwürste gibt: Religion ist das Fach, in dem so etwas zu klären ist. Ein Religionslehrerkollege von mir sagt deswegen immer: »Religion ist das wichtigste Fach überhaupt. Die meiste Zeit bist du tot, und um den Tod und was danach kommt, geht's in Religion!«

Diese Frage nach Bratwürsten im Himmel spiegelt auch unsere gesamtgesellschaftliche Situation, in der Sterben, Tod und die Frage, was danach kommt, lieber ausgeklammert werden. Sonst würde der Drittklässler das seine Eltern oder Großeltern fragen.

Zu Luthers Zeiten war es umgekehrt, da drehte sich alles um die Frage nach dem Leben nach dem Tod: Die Menschen kauften im Spätmittelalter mehr und mehr Ablassbriefe, in denen ihnen Gnade gegen Geld angeboten wurde, mit denen sie also für ihre Sünden und die Sünden ihrer Verwandten bezahlten, um nicht in der Hölle zu landen – mit der Folge, dass weniger an das Diesseits gedacht wurde, sondern mehr an das Jenseits. Die Menschen hörten sich die strengen und strikten Verordnungen der damaligen Kirche an und versauten sich das Leben, indem sie sich auf jenseitige Strafen oder Belohnungen konzentrierten.

Heute ist die Lage genau umgekehrt. Heute denkt man überhaupt nicht mehr an das Jenseits, daran, dass uns nach dem Tod etwas erwartet. Eher ist es so, dass man alles hier und jetzt haben will, auf nichts verzichten und auch nicht mit anderen teilen möchte. Aber ich muss hier auf Erden nicht alles perfekt erleben und alles haben, ich muss nicht nur mich und mein Wohlergehen im Blick haben, es kommt noch etwas, auf das ich mich freuen kann. Daran glaube ich.

Schwierig ist es jedoch für mich, von etwas zu sprechen, wovon man kaum eine konkrete Vorstellung hat, sondern nur Bilder, die wir häufig bei Beerdigungen verwenden (»Sie ist jetzt in Gottes Hand …«, »Bei Gott geht sein Weg weiter …«). Da hätten die biblischen Figuren gern etwas genauer werden können, sodass die heikelsten Fragen geklärt wären. Einmal sprach ich in der Schule mit Schülerinnen oder Schülern über christliche Jenseitsvorstellungen und zitierte dabei die Bibel. Christus spricht: »In meines Vaters Hause sind viele Wohnungen. Wenn es nicht so wäre, so wollte ich zu euch sagen: Ich gehe hin, euch die Stätte zu bereiten.« (Johannes 14,2) Das weckte aber heftigen Widerspruch bei den Grundschülern: »Wir wollen dann keine Wohnung haben. Wir wollen eine Villa!« Auch die in Todesanzeigen gern gewählte Formulierung »Sie kann sich jetzt von einem anstrengenden Leben ausruhen« löste Gegenrede aus: »Und wenn die Oma lieber Party machen will?« Das klingt jetzt, als wären meine Schüler unsensibel und frech, aber das stimmt nicht: Sie gehen einfach anders mit diesem schwierigen Thema um. Sie hinterfragen noch, was man sich als Erwachsener nicht mehr traut. Sie haben noch nicht dieses gesellschaftliche Tabu über den Tod gelernt, sondern sind neugierig.

Mir selbst fiel so ein Umgang mit Sterben und Tod lange schwer. Als meine Großmutter im Sterben lag, war ich gerade frisch Vikar und hatte wahnsinnige Probleme, dieses Thema ihr gegenüber anzusprechen. Auch ich habe lieber von Hoffnung geredet, als es keine Hoffnung mehr gab, und zwanghaft bei jedem Besuch gesagt: »Bis morgen!« Obwohl nicht sicher war, ob sie am nächsten Tag noch leben würde.

Vielleicht wäre das für sie gar nicht kompliziert gewesen. Meine Großmutter hat immer zu ihrem Mann, meinem Großvater Willi, gesagt: »Wenn einer von uns zwei nimmer ist, kauf ich mir a Wohnung!« Aber das war wohl eher um des Witzes willen – jedenfalls habe ich nie nachgefragt, was denn wirklich passieren würde, sollte einer von ihnen sterben.

Doch die gleiche Lockerheit im Umgang mit dem Tod wie bei meinen Schülern sehe ich wieder bei Menschen hohen Alters: »Warum steht denn in den Todesanzeigen nimmer ›auf Wiedersehen‹?«, fragte mich eine ältere Frau aus unserer Gemeinde. Ich war überrascht: Stand das früher echt so drin? »Auf Wiedersehen?« Klingt fast nach Tschüss. Nach: bis bald! Na ja … hoffentlich nicht im Zusammenhang mit Tod und Sterben.

»Glauben die Leute denn nimmer dran, dass man sich nach dem Tod wiedersieht?«, fragte die Frau weiter.

»Also, ich glaube fest daran, dass es nach dem Tod weitergeht«, antwortete ich. »Aber es wird halt ganz anders sein, als wir es uns vorstellen können.«

»Also wird man sich nicht wiedersehen?«, hakte sie nach.

»Doch, doch«, entgegnete ich. »Wir werden dann bei Gott sein, aber es wird nicht einfach eine Fortführung unseres bisherigen Lebens sein. Sondern wir werden alle erlöst sein, von dem, was uns belastet: von aller Krankheit, von allem Alter. Und aller Schuld.«

Es ist schwierig, von der Ewigkeit zu reden. Die klassischen Jenseitsvorstellungen vom Engelsdasein im Himmel sind dank naturwissenschaftlicher Erkenntnisse weithin überholt. Jeder Linienflug wäre in Gefahr, wenn Engeln auf Wolken ausgewichen werden müsste. Ebenso scheint die Hölle unter uns Theologen angesichts eines liebenden Gottes, der doch das Beste für seine Geschöpfe auch nach deren Ableben möchte, zumindest fragwürdig und wird am Ewigkeitssonntag und am Grab gottlob kaum mehr gepredigt.

Und am Grab haben die gängigen Bilder für die Ewigkeit, die aus dem protestantischen Liedgut bekannt sind (»Himmlische Heimat«, »Vaterland«), ebenfalls an Bedeutung verloren: So bahnt sich inzwischen weltliches Liedgut seinen Weg in die Bestattungsliturgie und droht die Beerdigungsklassiker wie »So nimm denn meine Hände« und »Befiehl du deine Wege« zu verdrängen. Bei »Amoi seng' ma uns wieder« (Andreas Gabalier) oder bei »So bist du« mit der bewegenden Zeile »Und wenn ich geh, geht nur ein Teil von mir« (Peter Maffay), auch beim ganz wunderbaren Song »Hinterm Horizont geht's weiter« (Udo Lindenberg) kann der Geistliche immerhin einige sinnige Gedanken finden. Bei einem anderen Lied, das eine Bekannte von mir bei einer Beerdigung hörte, »Alles hat ein Ende, nur die

Wurst hat zwei« (Stephan Remmler), wird dies anspruchsvoller, scheint aber ebenso möglich. Amüsant zum Thema »Beerdigungsliedgut«« ist die Begebenheit, die ein befreundeter Priester erzählte: Nach einer Beerdigung, bei der »Ein Stern, der deinen Namen trägt, den wünsch ich mir ...« von DJ Ötzi gespielt wurde, kam ihm schwungvoll ein geschäftstüchtiger Bestatter entgegen und sang fröhlich: »Ein Stein, der deinen Namen trägt, den wünsch ich mir ...«

Das habe ich der nachfragenden Frau damals natürlich nicht gesagt, sondern theologisch schlau, aber wenig anschaulich gesprochen.

Da wurde diese verständlicherweise unsicher: »Heißt das, wir werden uns wiedersehen, aber nicht mehr erkennen – weil wir ganz anders ausschauen?«

»Nein«, sagte ich und schüttelte den Kopf. »Ich glaube, auch wenn alles ganz anders sein wird, werden wir uns erkennen. Da bin ich mir sogar sicher, wir werden mit unseren Eigenheiten und unserer Individualität dort sein. Uns wird ja versprochen, dass das ewige Leben etwas ist, worauf wir uns freuen dürfen – und da gehört es für mich dazu, geliebte Menschen wiederzusehen.«

Die Frau schaute erleichtert.

Ich erzählte ihr noch eine Anekdote von dem Theologen Karl Barth. Von ihm wird berichtet, er sei mal von einer Frau gefragt worden, ob wir nach dem Tod unsere Lieben wiedersehen würden. Barth habe an seiner Pfeife genuckelt und geantwortet: »Ja, aber die anderen auch.«

»Na, da bin ich ja froh«, sagte die vormals verunsicherte, nun erleichterte ältere Dame. »Dann lass ich auf meine Todesanzeige ›Auf Wiedersehen‹ drucken.«

Ich dachte: Recht hat sie. Denn mit diesen zwei Worten ist eigentlich alles gesagt, was wir über ein Leben nach dem Tod wissen müssen: »Auf Wiedersehen!« Das stand dann einige Jahre später auch tatsächlich in ihrer Todesanzeige.

Der Himmel, also das Leben nach dem Tod, wird sicher alles übersteigen, was wir uns ausmalen können. Wir können nur in Bildern und Beispielen davon reden. Allein das Wort »Himmel« ist ein solches Bild – es soll dort so friedlich und ruhig sein wie über den Wolken. Aber wahrscheinlich müssen wir uns da im Himmel nicht mehr mit so etwas wie der Nahrungsaufnahme, dem Essen und Trinken, aufhalten, sondern es wird keinen Durst und keinen Hunger geben. Das spricht also eher gegen Bratwürste, nach denen der Schüler gefragt hatte. Außerdem müssen für unsere Bratwürste Tiere sterben – und im Himmel werden Leiden und Tod sicher nicht existent sein. Auch das spricht gegen Bratwürste.

Andererseits ist uns versprochen, dass der Himmel ein Ort ist, auf den wir uns freuen dürfen! Ein Ort, an dem wir uns wohlfühlen, erlöst von allem, was uns unser Leben schwermacht. Man spricht ja von dem Jenseits als unserer »himmlischen Heimat«. Und wenn eines für mich zur Heimat dazugehört, dann sind das Fränkische Bratwürste. Einverleibe ich mir nach einem Urlaub Fränkische Bratwürste mit Senf, merke ich mit allen Sinnen: Hier bist du daheim. Dann geht's mir gut, dann fühle ich mich wohl. Und so ein Ort soll auch der Himmel sein, ein Ort, wo ich mich daheim und so richtig wohlfühle.

Eigentlich ein schönes Bild, mir den Himmel so vorzustellen, dass es dort Bratwürste gibt. Das habe ich dem Drittklässler dann auch gesagt. Und beim nächsten Besuch einer Bratwurstbude riet ich dem Bratwurstverkäufer, seine Würste mit »ein Stück Himmel auf Erden« zu bewerben.

Mich hat der Drittklässler damals inspiriert, über Heimat nachzudenken. Sie haben sicher schon gemerkt: Ich bin ein heimatverbundener Mensch, ich pflege Traditionen (und führe sie in die Moderne über) und arbeite mit Dialekt.

Heimat – das ist etwas Gutes.

Die Heimat ist ein Ort, an den wir gern zurückkehren. Der Ort, nach dem wir, wenn wir nicht dort sein können, Heimweh haben. In meinem Studium habe ich es immer sehr genossen, in meine Heimat Bayreuth zurückzukehren. Dadurch dämmerte mir, was der Begriff »Heimat« für mich bedeutete: Noch heute weiß ich zum Beispiel, wo ich in der Stadt das Richtige finde, wenn ich etwas einkaufen will. Auch wenn ich zu einer Behörde oder einem speziellen Arzt muss oder sonst wie Hilfe brauche – in Bayreuth weiß ich, wo ich hinmuss.

Heimat, das ist der Ort, an dem man sich auskennt.

Und wenn ich im Geschäft bin: Die Verkäufer oder Verkäuferinnen verstehen mich sofort. Die begreifen schnell, was ich haben möchte. An meinem Studienort Heidelberg ist es mir im Gespräch mit Verkäufern ein paarmal passiert, dass ich einen fränkischen Begriff verwendete und dann auf Unverständnis stieß.

Aber in der Heimat, dort versteht man dich.

Und während meiner Semesterferien in der Heimat habe ich mich auch regelmäßig mit alten Freunden aus der Schule oder der Kindheit getroffen. Und beim Schlendern durch die Innenstadt ist mir immer das eine oder andere bekannte Gesicht begegnet. Ich habe gegrüßt und bin zurückgegrüßt worden.

Heimat, das ist, wo man dich kennt und wo du die Leute kennst.

Diese Heimatbesuche waren zudem geprägt vom Ausruhen und Kräfteschöpfen. Ich musste mich um nichts kümmern. Ich konnte mich vom ungewissen Leben in der Fremde ausruhen und fühlte mich bei Familie und Freunden geborgen.

Heimat – das ist ein Ort der Ruhe und Geborgenheit.

Schwer ist es für die, die ihre Heimat verloren haben, die ihr entrissen wurden. Die nicht mehr dorthin zurückkönnen. Menschen, die vertrieben wurden oder flüchten mussten. Menschen, denen nichts als die Erinnerung bleibt. Oder welche, die in der modernen Zeit zu Nomaden geworden sind und nirgends mehr eine Heimat haben. Von ihnen höre ich: Heimat ist etwas sehr Wertvolles. Wer sie verloren hat, der trauert ihr nach.

Es gibt aber auch jene, die Heimat und das, was wir unter ihr verstehen, kritisch sehen. Sie sind der Meinung: Eine ungetrübte Heimat, die existiert nur im (der heißt schon so) Heimatfilm. Dort sind die Wälder vielleicht ewig grün und die Bäche rein und klar. Dort haben sich fast alle lieb. Und dort kriegt jeder sein Happy End.

Aber im wahren Leben sieht es nun einmal anders aus.

Das ist den Heimatkritikern klar, und Sie wissen es vielleicht aus eigener Erfahrung: In der Heimat hat man nicht nur Schönes erlebt. In jeder Kindheit und Jugend gibt es schlimme Erlebnisse, über jeder Heimat hängen auch Schatten, dunkle Erlebnisse. Neben den Häusern und Orten, die ich in den Semesterferien in Bayreuth gern besuchte, gab es solche, an die ich weniger gute Erinnerungen hatte und die ich mied.

Die Heimatkritiker meinen weiterhin: Wer die Heimat rein positiv verklärt, belügt sich selbst. Und außerdem meinen sie: Dort in der Heimat kann man nie einen wirklichen Neuanfang starten. Man wird oft mit dem konfrontiert, was man einst machte und was man einmal war. Heimat – das kann eine Belastung sein.

Insofern kehrte auch ich mit gespaltenen Gefühlen damals, 2010, für meine erste Pfarrstelle in die Heimat Bayreuth zurück. Einerseits hatte ich mich sehr auf meine neue Gemeinde, die

Gemeindemitglieder und die tolle Kirche gefreut, andererseits war ich mir der Tatsache bewusst, dass es für mich als Pfarrer in der Heimat auch mal schwierig werden konnte. Denn die Heimat ist tatsächlich nicht immer etwas rein Positives. Das ist bei jedem so. Das ist ganz normal.

Trotzdem träumen Menschen davon, eine Heimat zu haben, sich heimisch und daheim zu fühlen. Sie träumen von einer Heimat, die so ist, dass wir uns ohne Abstriche daran freuen können. Eine Heimat, die uns erhalten bleibt. Ein Ort, an dem wir uns aufgehoben fühlen. An dem es überhaupt keine Schattenseiten gibt. Moderne Philosophen haben diese ersehnte Heimat ausdrücklich als einen »Nicht-Ort« bezeichnet. Einen »Nicht-Ort«, weil kein realer Ort diesem Gefühl, dieser Hoffnung, dieser Sehnsucht nach Heimat wirklich gerecht werden kann.

Ist das also unser Schicksal? Bleiben wir ein Leben lang in der Fremde? Auf der Suche nach Heimat? Im Epheserbrief steht: »So seid ihr nun nicht mehr Fremde und Nichtbürger, sondern ihr seid Mitbürger der Heiligen und Gottes Hausgenossen.« (Epheser 2,19) Das ist schön: Wir sind also Mitbürger der Heiligen und Gottes Hausgenossen. Gottes Mitbewohner – und damit bei ihm daheim. Der Autor des Epheserbriefs sagt: Kümmert euch nicht um eure Heimat, denn unsere wahre Heimat ist bei Gott. Wir müssen nicht weiter suchen nach diesem »Nicht-Ort«, den wir eh nicht finden können. »Ihr seid Mitbürger der Heiligen und Gottes Hausgenossen.«

Ich selbst empfinde diese Heimat bei Gott immer in Kirchengebäuden. Besonders im Urlaub, wenn ich vor Ort eine Kirche betrat, eine alte, große und ehrwürdige, angenehm kühl, mit Liedblättern in einer fremden Sprache. Ich sah die andere und dabei doch bekannte Architektur der Kirche, bemerkte die vertrauten Gegenstände, die man in jeder Kirche findet. Ich spürte die fremde, aber doch vertraute Atmosphäre. All das gab und gibt mir in fast allen Kirchen stets ein Gefühl von Heimat.

Und dann natürlich Gottesdienste: Sich – auch in der Fremde – mit gleichgesinnten Menschen treffen und gemeinsam einer Predigt zu lauschen oder das Abendmahl zu feiern, dazu zusammen zu singen, da fühle ich mich daheim. Oder wenn ich mich mit anderen Christen austausche und gemeinsam bete.

Kirche ist Heimat für uns Mitbewohner Gottes.

Aber auch dieses Heimatgefühl ist nicht rein positiv. Dann, wenn ich mich in einem Gottesdienst in der Liturgie nicht zurechtfinde. Wenn unbekannte und schwierige Lieder gesungen werden, die vielleicht noch aus einer anderen theologischen Tradition kommen. Oder wenn es kein offenes und freundliches Miteinander gibt, wie ich es in einer Kirche gewohnt bin. Da erfahre ich die Kirche nicht mehr als Heimat.

Denn: Kirche ist nicht perfekt.

Angefangen mit den Pfarrerinnen und Pfarrern: Die Menschen in der Kirche können Fehler machen. Die Kirche ist nicht jene schatten- und schmerzfreie Heimat, die wir erstreben. Leider.

Viele Mitchristinnen und Mitchristen haben die Kirche als Heimat schon verloren. Und selbst die verbliebenen Kirchenmitglieder sehen die Kirche nur bedingt als Heimat, wie in den 1990er-Jahren festgestellt wurde. Das wurde jedenfalls von der evangelischen Kirche anlässlich einer Mitgliederbefragung unter dem Titel »Fremde Heimat Kirche« veröffentlicht.

Mir liegt es sehr am Herzen, dass die Kirche weiterhin Heimat für die Menschen bleibt. Und vielleicht schaffen wir es, dass sie wieder zu einer »bekannten Heimat« statt zu einer nur fremden Heimat wird. Und dass auch Menschen, die sich von ihr abgewandt haben, wieder zurück in diese Heimat finden.

Das geht manchmal mit ganz einfachen Mitteln: Einst wurde in Oberfranken in fast allen Gaststätten Schafkopf gespielt, ein äußerst beliebtes Kartenspiel. Bei einem Ausflug kam ich ins Gespräch mit zwei älteren Herren aus der Gemeinde. Der eine sagte: »Wir sind seit zwanzig Jahren im Ruhestand und würden so gern wieder Schafkopf spielen, aber in den Lokalen ist das heute nicht mehr üblich.« Spontan reagierte ich: »Warum nicht bei uns in der Kirche?« Was machte es schon, dass der Gemeinderaum neben dem Gottesdienstraum nicht unbedingt dafür vorgesehen war? Es ging dabei doch auch um eine Form von Seelsorge.

Anfangs versammelten sich die Männer einmal im Monat zum Spiel. Inzwischen treffen sich rund achtzehn Herren zwischen fünfundfünfzig und fünfundsiebzig, und wenn ich es einrichten kann, bin ich auch dabei (leider nicht oft genug). Die Männer spielen nicht nur miteinander, sondern (er)leben auch Gemeinschaft, kümmern sich umeinander. Manchmal kommen ihre Frauen dazu und packen ihre Brettspiele aus, und einmal im Jahr unternehmen wir eine Wanderung und spielen unterwegs.

Die Männer können mir beim Kartenspielen alles erzählen, was sie bewegt. Da sie nicht so gern reden wie Frauen, zumindest die Älteren von ihnen nicht, ist dies eine Möglichkeit, dass sie sich ihre Sorgen und Probleme von der Seele reden können. Das Geld, um das gespielt wird, kommt hinterher (abzüglich dessen, was für Getränke ausgegeben wird) der Kirche zugute. Und natürlich benimmt man sich in einer Kirche beim Kartenspielen anders als in der Wirtschaft, es werden niemandem Karten um die Ohren gehauen. Es wird nicht über ein schlechtes Spiel gestritten, und man zahlt willig die geringen Beträge, wenn man verliert. Zugleich ist auf diese Männer Verlass, wenn es zum Beispiel um den Auf- und Abbau von Gemeindefesten geht.

Die Schafkopfgruppe brachte mich auch darauf, mehr für Männer zu tun, wie es schon in vielen anderen evangelischen Kirchen praktiziert wird. Und weil Männer gern etwas tun, um ins Gespräch zu kommen, hatten wir den Einfall, ein Männerkochen zu veranstalten. Und es versammelte sich eine bunte Mischung, darunter Männer, die daheim ein Drei-Sterne-Menü nachkochen, aber auch solche, die niemals in ihrem Leben Kartoffeln geschält haben.

Die haben auf diese Weise eine Heimat in unserer Kirche gefunden.

Im Idealfall bilden und organisieren sich solche Kreise selbst. Die Kirche bietet dazu die Räumlichkeiten an, alles andere wird selbst geregelt, mit einer Bitte: »Bleibt offen für alle, seid kein geschlossener Kreis, auch andere sollen den Weg zu euch finden, wenn sie Anschluss suchen.«

Die Kirche wird wohl nie dieser »Nicht-Ort«, diese Utopie sein können, die wir alle ersehnen. Dazu sind wir Menschen, die darin mitarbeiten, einfach zu menschlich … Ich hoffe trotzdem, dass unsere Gottesdienste, unser Gemeindeleben und unser Miteinander eine Heimat sein können. Und ich wünsche mir, dass unsere Kirche ein Ort der Ruhe und Geborgenheit sein kann. An dem man sich wohlfühlt. An dem man sich auskennt. An dem man eingeladen und gekannt ist. Und in dem man anderen Menschen Liebe und Aufmerksamkeit schenkt.

Wie sehr wir uns auch bemühen werden, dass die Kirche Heimat für die Menschen wird, wir werden es nie völlig schaffen. Denn wir können eine ungetrübte Heimat auf Erden nicht finden. Unsere Sehnsucht nach einer Heimat ist gar nicht wirklich zu stillen. Im Philipperbrief schreibt Apostel Paulus: »Unsere Heimat aber ist im Himmel.« (Philipper 3,20) Das ist unsere Hoffnung, als Christen. Egal ob wir auf Erden so etwas wie eine Heimat hatten oder nie gefunden haben.

Einmal, da werden wir bei Gott endgültig daheim sein, dort werden wir ohne Schattenseiten Heimat erleben. Und das wird eine Heimat sein, da werden selbst die Heimatkritiker verstummen. Dort wird der »Nicht-Ort« tatsächlich zu einem Ort werden und unsere Sehnsucht endlich gestillt.

Dass aber Gott auch bei uns hier auf der Erde ist, zieht sich durch die ganze Bibel und ist besonders deutlich in vielen Aussagen des Neuen Testaments zu finden: »Und das Wort ward Fleisch und wohnte unter uns.« (Johannes 1,14) Ich weiß nicht, ob unter Ihnen jemand wohnt – aber ich habe diesen Vers einmal zum Palmsonntag ganz wörtlich genommen und mir ausgemalt, wie es wäre, wenn Jesus heute bei uns einziehen würde:

Wir lernen ein mittelaltes Paar kennen: Harald und Erika. Beide sind Mitte fünfzig, ganz normale, durchschnittliche Mitbürger. Sie wohnen in einer Eigentumswohnung in einem Mehrfamilienhaus. Die Wohnung unter ihnen ist seit Längerem frei.

Und eines Tages klingelt es bei ihnen an der Haustür. Harald öffnet. Draußen steht ein junger, langhaariger und bärtiger Mann mit ausgetretenen Schlappen. Harald fallen sofort seine Augen auf, sie sind sehr wach und lebendig, als könne der Mann in sein Innerstes schauen. Aber das ist nicht unangenehm, denn gleichzeitig wirkt der Fremde sehr freundlich.

»Grüß Gott, mein Name ist Jesus«, erklärt der, der vor der Tür steht. »Ich ziehe unter Ihnen ein. Können Sie mir vielleicht beim Einzug helfen?«

Harald überlegt: Habe ich überhaupt Zeit, mich um diesen Jesus und sein Zeug zu kümmern? Will ich ihm überhaupt helfen? Eigentlich hätte ich ja was Besseres zu tun. Andererseits: Ich wäre auch froh, wenn mir jemand beim Umzug seine Unterstützung anbieten würde. Und außerdem, vielleicht kommt man ja so ins Gespräch. Es ist sicher gut, etwas über den neuen Mitbewohner zu erfahren. Harald bietet an, ihm beim Tragen behilflich zu sein.

»Was machen Sie eigentlich beruflich?«, fragt Harald, während sie die Sachen von Jesus hochtragen.

»Ich bin Zimmermann«, antwortet Jesus. Ah, ein Handwerker, denkt Harald. Hervorragend, der kann sicher gleich ein paar Arbeiten im Haus verrichten. »Aber ich arbeite nicht mehr in diesem Beruf. Ich bin jetzt Wanderprediger«, erklärt Jesus weiter.

Harald fällt fast die Schreibtischlampe aus der Hand, die er hochträgt. Ein Wanderprediger – ein religiöser Fanatiker also? Will der unter uns eine Terrorzelle gründen? Oder klingelt er dann jeden Abend bei uns, um uns zu bekehren? Hoffentlich zieht der bald wieder aus.

»Wer wohnt eigentlich noch alles hier im Haus?«, fragt Jesus.

Harald freut sich, das ist sein Lieblingsthema. »Im Parterre so ein junges Paar, unverheiratet wohlgemerkt, Kind ist aber schon unterwegs. Keine Ahnung, wovon die ihre Miete zahlen. Er schaut ein wenig verhaut aus, womöglich verkauft er Drogen. Und drüber, also unter Ihrer Wohnung, da lebt ein Ehepaar, aber die haben sich nimmer viel zu sagen. Und einmal pro Woche, wenn er aus dem Haus ist, kommt ein Geigenlehrer bei ihr vorbei. Ich glaub, die machen da nicht bloß Musik. Und unterm Dach wohnt noch eine alte Witwe, die Frau Wimser, das ist eine ganz böse Frau. Seien Sie froh, wenn Sie der nicht begegnen.«

Jesus schaut ihn mit seinen sanften Augen an. »Richtet nicht, auf dass auch ihr nicht gerichtet werdet!«, sagt er.

Harald will etwas entgegnen – »So eine Frechheit!« oder »Was erlauben Sie sich eigentlich?« –, aber es bleibt ihm im Hals stecken. Denn eigentlich hat dieser Jesus ja recht. Was bringt diese ganze Lästerei? Aber das will er sich nicht eingestehen, denn von so einem jungen Religionsfuzzi lässt er sich nichts sagen.

Viel ist es nicht, was der Jesus an Möbeln hat, und so ist die Wohnung schnell eingerichtet.

»Kommen Sie doch heute Abend vorbei, da habe ich Freunde zu Besuch«, sagt Jesus zum Abschied und reicht ihm die Hand.

Und so stehen Erika und Harald abends mit einer billigen Flasche Wein vor der Wohnungstür von Jesus und klingeln. Einen edleren Tropfen wollten sie nicht opfern. Etwas unwohl fühlen sie sich schon. Was werden das für Freunde sein? Langhaarige Kiffer? Gitarre klampfende Fromme?

Die Tür öffnet sich. Ein kräftiger Mann mit großen Händen, wohl auch ein Handwerker, strahlt sie an: »Herzlich willkommen! Ich bin der Simon. Ihr seid sicher Erika und Harald! Kommt doch rein!«

So viel Herzlichkeit sind die beiden Oberfranken nicht unbedingt gewohnt, und überrumpelt betreten sie die Wohnung, die voller Menschen ist.

»Hallo, ich bin die Maria, die Mutter vom Jesus«, sagt eine ältere Frau und umarmt Erika.

»Ich bin der Matthäus.«

»Ich die Magdalena.«

»Und ich bin der Thomas.«

Auch Kinder und Jugendliche können Harald und Erika unter den Freunden von Jesu ausmachen. Viele Menschen aus allen Schichten und Altersklassen haben sich versammelt. Sogar drei, vier zerlumpte Männer, bestimmt Obdachlose, sind unter ihnen. Ihnen wird augenblicklich etwas zu essen und zu trinken gegeben. Harald und Erika erhalten ebenfalls einen ganz ausgezeichneten, wahrscheinlich sauteuren Wein und hervorragendes Essen. Anscheinend haben alle etwas mitgebracht, und gerade die Reicheren haben sich nicht lumpen lassen, denkt sich Harald, als er einen Schluck Wein nimmt. Diese Gemeinschaft findet er klasse, so viele freundliche Menschen. Alle fühlen sich sehr wohl in dieser Gruppe, die Herzlichkeit ist nicht aufgesetzt, sondern ehrlich.

Und immer wieder kommt jemand zu Erika und Harald und unterhält sich mit ihnen. Die Leute erzählen aus ihrem Leben, teilweise haben sie richtig krasse Geschichten zu berichten, Magdalena ist schon früh Witwe geworden. Matthäus hat einst Leute bei Finanzgeschäften betrogen. Thomas schildert seine schweren und tiefen Glaubenszweifel, die ihn sehr belastet haben. Erika und Harald wiederum erzählen, angeregt von der Freimütigkeit der anderen, von ihrem Sohn, der ihnen viele Sorgen macht. Sie erzählen von Haralds Krankheit und von Erikas pflegebedürftiger Mutter und der anstrengenden Zeit mit ihr – alles Dinge, die sie sonst bisher für sich behalten haben. Erika und Harald treffen auf offene Ohren, die Gesprächspartner hören sehr aufmerksam zu. Das tut gut.

Plötzlich wird es ruhig. Jesus beginnt zu sprechen. Er erzählt eine Geschichte von einem Schaf, das verloren geht. Und der Schäfer sucht, obwohl er neunundneunzig andere Schafe hat, dieses eine Schaf. Normalerweise wären Erika und Harald solche Geschichten wurscht, sie schauen lieber *Tatort* und *Rosenheim-Cops,* aber Jesus berichtet so fesselnd, dass sie ganz gebannt sind. Die Pointe der Geschichte ist, dass Gott wie dieser Schäfer ist, der jedem verlorenen Schaf nachgeht. Kurz meldet sich bei Harald Widerwillen. Jetzt hat ihnen dieser Wanderprediger so nebenbei also doch noch seine Botschaft reingedrückt.

»Hat der eigentlich Theologie studiert?«, fragt er Thomas.

»Nein. Jesus ist ganz eng mit Gott verbunden. So eng, dass man davon spricht, er wäre Gottes Sohn«, erklärt dieser.

Harald zuckt etwas zurück. Aber dann sieht er, wie Jesus sich um jeden Gast kümmert, wie er die Obdachlosen umarmt und ihnen lauscht, mit ihnen scherzt, wie er auch auf Erika und Harald zukommt und unaufdringlich ein intensives Gespräch mit ihnen führt, in dem er auf den Punkt bringt, was in ihrem Leben nicht so läuft, wie es gut wäre.

Und als Erika und Harald nach einem langen, ereignisreichen und sehr beglückenden Abend wieder in ihrer Wohnung sind, denkt sich Harald: Eine schöne Vorstellung, wenn Gott so wäre wie dieser Jesus.

Die Zeit vergeht. Oft ist Jesus außer Haus, er zieht mit seinen Freunden umher und verkündigt von Gott und seinem Reich. Wenn er zu Hause ist, bekommt er oft Besuch von Menschen, die seine Hilfe brauchen. Häufig sind es Menschen ohne ein Dach über dem Kopf oder Suchtkranke, manchmal welche mit einer Behinderung oder mit einem gesundheitlichen Leiden. Auch Trauernde sind darunter, viele Menschen in schwarzer Kleidung tauchen bei Jesus auf.

Frau Wimser, die Nachbarin, die unter dem Dach wohnt, hat sich am Anfang furchtbar aufgeregt über die ganze Meute, die da jetzt einfällt, früher war das doch so ein ehrenwertes Haus. Aber eines Tages hat Harald mitgekriegt, wie Jesus mit ihr im Treppenhaus gesprochen hat.

Die einzelnen Worte hat er nicht verstehen können, aber Jesus hat sehr ruhig und freundlich geredet, und dann hat Frau Wimser ihm offensichtlich ihr Herz ausgeschüttet, denn das Gespräch dauerte über zwei Stunden. Und als sie danach rauf in ihre Dachwohnung ging, hatte sie zwar Tränen in den Augen, aber hat Harald angelächelt, als sie ihn im Spalt seiner Wohnungstür stehen sah. Seitdem kümmert sich Frau Wimser um viele der Besucher, kocht Kaffee und Tee, schmiert Schnittchen oder redet mit ihnen.

Jesus feiert jeden Morgen und jeden Abend einen kleinen Gottesdienst, mit allen, die daran teilnehmen möchten. Harald hatte am Anfang Zweifel. Was sollte er denn da, er glaubte ja nicht einmal richtig an Gott? Diese vielen Kriege und Naturkatastrophen, das ganze Leid und Elend auf der Welt, auch seine eigene Krankheit – wie soll man da bitte schön noch an Gott glauben?

Er hat Jesus mit all dem konfrontiert. Und Jesus hat ihm zugehört, hat ihm davon erzählt, dass er überzeugt ist, dass Gott mit jedem von uns einen Plan hat. Und dass Gott auch im tiefsten Elend bei uns ist, dass er uns hilft und uns Kraft und Hoffnung schenkt. Und tatsächlich, als Haralds Krankheit schlimmer wird und er auf den Rollstuhl angewiesen ist – da fühlt er sich so voller Hoffnung und Kraft, dass alles doch irgendwie einen Sinn hat und gut ausgehen wird. Er kann es sich nicht erklären, aber so kann er auch diesen Schicksalsschlag annehmen.

Erika und Harald und auch die Frau Wimser haben sich verändert, seitdem Jesus bei ihnen eingezogen ist.

Was würden Sie tun, wenn Gott in Jesus unter Ihnen wohnen würde? Genauso weiterleben, alles genauso tun wie zuvor, wenn Sie jeden Tag Gott im Hausflur treffen würden? Oder etwas mehr Rücksicht nehmen auf die anderen Hausbewohner – die Mitbewohner auf der ganzen Welt? Das Leben mehr so führen, wie es Gott womöglich von uns erwartet?

Und wäre es nicht ein riesiger Trost, eine starke Erkenntnis gegen alle Einsamkeit und gegen alles Allein-Sein, zu wissen:

Unter mir wohnt Gott? Ich kann jederzeit zu ihm kommen, wenn es Probleme gibt. Auch bei allen Glaubenszweifeln könnte ich mir sagen: Da unter mir wohnt Gott. Ich kann ihn mit sämtlichen Zweifeln konfrontieren, ihm alles sagen.

Im Grunde ist das die Botschaft des Neuen Testaments auf einen Satz gebracht: Gott hat unter uns gewohnt und er ist unter uns weiterhin lebendig. Ich hoffe, dass die Kirche weiter davon verkündigt. Er ist bei uns eingezogen – aber nie mehr ausgezogen.

Wir sind Mitbewohner Gottes – ich halte das für ein sehr schönes Bild. Und in Wahrheit ist er uns sogar viel näher, als jemand, der unter uns wohnt, jemals sein könnte.

Von Kirche und Corona, Hoffnung und digitaler Revolution

Das Corona-Virus zwingt uns dazu, unsere Gottesdienste in den Kirchen abzusagen und zu ungewöhnlichen Maßnahmen zu greifen – ich danke Radio Mainwelle, dass der Sender sofort und ohne Probleme dabei war, als wir anfragten, ob wir einen Radiogottesdienst abhalten könnten. Wenn Sie wollen, zünden Sie doch bei sich daheim eine Kerze an, und gemeinsam feiern wir jetzt Gottesdienst.
Es ist eine besondere Zeit, die uns, obwohl wir räumlich getrennt sind, enger zusammenwachsen lässt. Es wird viel mehr telefoniert und aufeinander geachtet, wir können Dinge ganz neu wertschätzen, deren Wert wir vorher nicht so deutlich gesehen haben, zum Beispiel Freundschaft, Familie und auch der Glaube.
Wir hoffen, dass Ihnen dieser Gottesdienst heute guttut und uns alle – die wir zwar getrennt zuhören – als Gemeinde miteinander verbindet.
»Fürchte dich nicht« – ich habe einmal gelesen, dass das 365-mal in der Bibel stehen soll, für jeden Tag des Jahres einmal. Ob es wirklich so ist, weiß ich nicht – aber es steht echt oft in der Bibel.
Und das ist für mich auch das Gebot der Stunde: Fürchte dich nicht!
Klar ist grad allen ein bisschen mulmig zumute, und es gibt

ein gutes Gefühl, genug Nudeln und Klopapier im Haus zu haben, aber Furcht ist wirklich nicht notwendig. Das war sinnvoll im Neandertal, als der Säbelzahntiger kam, um an einem zu knuspern. Da hat die Furcht übernommen, alles andere hat ausgesetzt, und unsere Ururopas und -omas konnten schneller und weiter rennen, weil das Hirn ausgeschaltet war.

Heute machen uns Sorgen und das Fürchten nur das Leben schwerer, und ich weiß, wovon ich rede: Ich bin normalerweise auch jemand, der sich gern und viel Sorgen macht. Darum sag ich mir das auch selbst grad oft: »Fürchte dich nicht.« Und was soll ich sagen – es hilft!

Von Martin Luther stammt folgendes Zitat: »Dass die Vögel der Sorge und des Kummers über deinem Haupt fliegen, kannst du nicht ändern. Aber dass sie Nester in deinem Haar bauen, das kannst du verhindern.« Jetzt werden die es sowieso eher schwer haben, auf meinem haarfreien Haupte Nester zu bauen …

Aber es ist schon was Wahres dran: Grund zu Sorge und Kummer gibt es sicher in jedem Leben. Was wir damit machen, wie wir uns damit belasten, das liegt in unserer Hand.

Gott der Herr, segne unser Reden und Hören, unser Beten und Singen durch seinen Heiligen Geist. Amen

So – oder so ähnlich – begann mein erster Radiogottesdienst, der in der Zeit, als Gottesdienste nicht mehr stattfinden konnten, Sonntagfrüh im Lokalradio gesendet wurde. Plötzlich konnte man als Pfarrerin und Pfarrer mit der eigenen Gemeinde nicht mehr direkt, also analog kommunizieren. Ich hing stattdessen den ganzen Tag am Telefon oder schrieb E-Mails und hatte die Befürchtung, gerade diejenigen, die am dringendsten Trost und Zuspruch brauchten, die Kranken und Einsamen, nicht zu erreichen. Dabei entstand große Kreativität, und völlig neue digitale Strukturen wurden genutzt. Dass viele Kollegen medial nicht besonders firm waren, egal – die Botschaft zählte. Und hoffnungsvolle Botschaften durchfluteten das Netz! Für Medienexperten waren manche Auftritte womöglich sehr peinlich – für unser Klientel waren sie gerade richtig.

Auch unsere Adressaten sind medial nicht sonderlich geschult. Das habe ich bei vielen Auftritten des *Weißblauen Beffchens* erlebt, als filmische und popkulturelle Referenzen bei Teilen des Publikums verpufften. Daher reichte es in kirchlichen Kreisen oft, frontal und mit mangelnden technischen Mitteln in die Kamera zur Gemeinde zu sprechen. Die Menschen freuten sich dennoch und wurden dadurch aufgerichtet, »ihren« Geistlichen und »ihre« Kirche und somit ein bisschen Normalität zu sehen. Wir hofften darauf, dass Kinder oder Enkel den älteren Gemeindemitgliedern die Videos zeigten und sie jetzt mit den längst versprochenen Smartphones und Internetzugängen aufrüsteten.

Teilweise saßen wir aber auch Klischees auf, wenn wir davon ausgingen, dass unsere Gottesdienstbesucher nicht erreichbar wären: Viele über Achtzigjährige waren bereits bestens medial bestückt, skypten mit Enkeln in Australien oder spielten online Brettspiele mit alten Schulfreunden. Zu den Radiogottesdiensten und denen, die auf YouTube folgten, bekam ich viele Rückmeldungen per E-Mail, nicht selten von vielen Älteren, die manchmal zu einem längeren seelsorgerlichen Austausch wurden. Andere Kollegen bastelten »Andachten to go«, inszenierten Kreuzwege zum Bewandern oder bemalten Straßenpflaster.

Der Handarbeitskreis unserer Gemeinde, der sich sonst zum gemeinsamen Häkeln trifft, fertigte zum Beispiel Hygienemasken an, die gegen eine freiwillige Spende für einen guten Zweck an Gefährdete verteilt wurden.

Dass die Anfänge des Lockdowns dazu in die Passionszeit und die Kar- und Osterwoche fielen, war eine Fügung, da wir in dieser Zeit eh viele gute Botschaften, teilweise nur wartend in Schubladen, für die Menschen hatten.

Ein besonderes Geschenk machte mir eines meiner Altenheime, die ich als Seelsorger betreue: Sie hatten das Kommunikationstool Skype für Gespräche der Bewohner mit ihren Angehörigen eingerichtet. So war es kein großer Schritt, einen Skype-Gottesdienst aus meinem Arbeitszimmer mit den älteren Damen und Herren zu feiern, die zu zwölft im großen Aufenthaltsraum in guter Distanz saßen und mich auf dem Bildschirm verfolgten. Ich war sehr gerührt, die Seniorinnen und Senioren zu sehen und ihnen zuzuwinken und mit ihnen zu singen und zu beten.

In dieser Zeit wurde ich gebeten, für unsere Dekanatszeitung *Bayreuth Evangelisch* einen satirischen Artikel zur neueren Gottesdienstentwicklung zu verfassen. Ich schrieb:

Wusste Jesus bereits, wie alles kommen wird, als er sagte: »Wiederum gleicht das Himmelreich einem Netz, das ins Meer geworfen wurde und Fische aller Art fing.« (Matthäus 13,47)
Hatte er deswegen Fischer berufen, um symbolisch zu zeigen, was mit einem guten Netz alles gefangen beziehungsweise empfangen werden kann? Das Netz bzw. Internet ist gerade die Rettung der Gottesdienste.

Pfarrerinnen und Pfarrer werden zu Influencern und geben über YouTube weiter, was bislang nur in der eigenen Kirche verbreitet wurde. Geistliche, die sonst vom Anblick der Gemeinde überfordert waren (und – so hat es der Autor schon mehrmals gehört – beim Predigen die Brille abgenommen haben, um die Gemeinde nicht zu sehen), atmen nun auf. Jetzt gibt es keine gelangweilten bis ungläubigen Gesichter, und es muss auf keine Störung aus dem Kreise der Gottesdienstbesucher (Gähnen, Lachen an den falschen Stellen, Gemurmel, Protest, spontane Entrückung) reagiert werden. Gerüchteweise gibt es Geistliche, die jetzt bereits YouTube-Gottesdienste bis Weihnachten vorproduzieren.
Wurden früher bei Samstagabendshows regelmäßig die Zuschauer in Österreich und in der Schweiz begrüßt – und der Autor dieses Textes freute sich als Kind über die große Reichweite von »Wetten, dass ...?« im ganzen deutschsprachigen Raum –, so ist die Reichweite des Internets noch größer. Das Internet ermöglicht es, sogar dorthin zu gelangen, wo sonst kaum ein Geistlicher Zutritt findet: das Wohnzimmer der Kirchenfernen.
Ist die erste Hürde (»Wie schalt ich jetzt den Computer ein?« und »Wie find ich jetzt unsere Kirche im Internet?«) genommen, kommen diejenigen auf ihre Kosten, die sonst nicht kommen, weil ihnen die Uhrzeit des Gottesdienstes nicht genehm war. Jetzt gelten keine Ausreden mehr: Rund um die Uhr kann nun am Gottesdienst teilgenommen werden. Ebenso sind nun diejenigen Nutznießer, denen es im Gottesdienst zu viel Nähe war: eng neben Menschen sitzen, beim Abendmahl neben ihnen stehen, zum Schluss noch die Hand reichen. Bäh!

Das ist jetzt gottlob vorbei mit dem YouTube-Gottesdienst! Die Reihen angenehm leer, es ist weder zu kalt noch zu warm, statt Abendmahl gibt es Kaffee, Gebäck und Eierlikör, ganz nach Geschmack. Die Sonntagsgarderobe bleibt im Schrank, daheim reichen Schlafanzug und Bademantel.

Aber bald wird klar, was fehlt: die Aufregerei! »Die Konfirmanden haben heute so laut geschwätzt, dass ich den Segen nicht verstanden hab!« – »Heut ist wieder die komische Frau mit ihrem Hut vor mir gesessen, sodass ich bloß die Hälfte gesehen habe!« – »Der neben mir hat bei der Predigt so laut geschnarcht, dass ich selber kein Auge zumachen konnte!«

Fehlende Konflikte mindern das volle Gottesdiensterleben. Deswegen gibt es jetzt YouTube-Gottesdienste mit passenden Einblendungen (»An dieser Stelle würde jemand das Kleingeld/Gesangbuch runterfallen.« Oder: »Jetzt würden verspätete Gäste den Kirchenraum betreten.« Oder auch: »Dieses Lied ist relativ unbekannt. Bitte singen Sie nur leise, lustlos und falsch mit!«)

Familienmitglieder können bei Bedarf beteiligt werden, indem Sie vor dem YouTube-Gottesdienst das Gesangbuch überreichen und die Kollekte einsammeln.

Für die volle Gottesdienstillusion wird zudem empfohlen – auch bei YouTube-Gottesdiensten – die ersten Reihen vor dem Bildschirm freizuhalten.

Trotz dieser satirischen Überzeichnung: Das Internet war für uns in diesen schweren Zeiten ein Segen. Die Kirche hat zu ihren eigentlichen Basisaufgaben zurückgefunden: die frohe

Botschaft zu verkündigen und Menschen zu helfen. Es hat uns aber – wie allen – sehr wehgetan, die Gemeinschaft nicht leben zu können, Händedrücken, Umarmungen und Schulterklopfen haben auch uns gefehlt. Telefonate ersetzten kein persönliches Gespräch, waren aber ein bisschen Ersatzmittel. Auch in der Kirche wurde auf Online-Konferenzen gesetzt, und ich erinnere mich daran, dass ein älterer Kollege dabei mit großen Kopfhörern und Mikrofon im Bild war und aussah, als würde er gerade die Mondlandung kommentieren. Die Hauptamtlichen der Kirche wurden gezwungen, sich neuen Medien zu öffnen.

Als passionierter Sorgenmacher (ich erinnere an »Don't panic!«) versuchte ich durch meinen Glauben diese Zeit gut zu überstehen. Was mir half, waren weiter die alten Bibeltexte oder Gesangbuchlieder. Um mich aufzubauen, telefonierte ich mit meinen Lieben, schaute einen lustigen Film oder las ein spirituelles, spannendes oder interessantes Buch.

Wenn ich ehrlich bin: Andere zu trösten gibt einem auch selbst Trost. Der Erste, den man mit einer tröstenden Botschaft erreicht, ist man immer selbst. Der Baron von Münchhausen konnte sich selbst am Haarschopf aus dem Treibsand ziehen – wir Christen können uns selbst mithilfe Gottes und seiner frohen Botschaft aus dem Treibsand der Sorge und der Hoffnungslosigkeit ziehen.

Als junger Theologiestudent dachte ich, die Zukunft der Kirche liege in den Medien, aber ich habe inzwischen gelernt: Ganz viel läuft immer noch in der Gemeinde ab, im unmittelbaren Kontakt, unter den Menschen.

Gerade weil sich im restlichen Leben so viel ins Internet verlagert hat, ist es wichtig, dass Kirche ein Gesicht vor Ort hat, man seine Ortsgemeinde, sein Gotteshaus, die zuständigen Geistlichen und seine Mitchristinnen und -christen kennt. Die

Kirche wird noch weiter analog bestehen bleiben. Das ist ihre große Stärke, wenn sich vieles andere digitalisiert.

Was von dieser durch Corona aufgezwungenen »digitalen Revolution« der Kirche bleibt, wird sich zeigen. Vieles wurde vernetzt – auch über größere Entfernungen. Es bleibt spannend, was davon erhalten und weiter ausgebaut werden kann.

Wir Pfarrerinnen und Pfarrer kamen jedenfalls wieder raus aus dem für uns toten Winkel, denn auch Kirchenferne äußerten sich wohlwollend über unsere frohen und hoffnungsvollen Botschaften und unsere Bemühungen, Menschen digital oder analog gut und bestärkt durch die schwere Zeit zu bringen.

Denn das ist und bleibt unsere Aufgabe.

»Ecclesia est semper reformanda.« Dieses alte Zitat, dessen Urheber nicht mehr genau festzustellen ist, bringt es auf den Punkt: Die Kirche muss immer wieder reformiert werden. Manchmal sind es eben auch die äußeren Umstände, die Reformen vorantreiben, und ich schaue mit freudiger Erwartung darauf, wie sich weiterentwickelt, was in dieser besonderen Zeit gewachsen ist und wächst.

Epilog – Das individuelle Trainingsprogramm

So. Das war jetzt gewissermaßen das Aufwärmtraining. Ich hoffe, Sie sind mit meinen Ausführungen warm geworden.

Wenn Sie dabei bleiben wollen, ist es wie beim Sport: Sie sollten sich Ihr individuelles Trainingsprogramm nach Ihren Bedürfnissen zusammenstellen (lassen). Sollten Sie selbst noch nicht wissen, wie, rate ich Ihnen: Nehmen Sie dazu mit einem Trainer beziehungsweise Geistlichen Ihres Vertrauens Kontakt auf. Sie oder er wird Ihnen die passende spirituelle Lektüre, die entsprechenden Gemeindegruppen und die stimmigen Gottesdienste für Ihre Bedürfnisse zusammenstellen. Manche von uns laufen nur, spielen nur Badminton oder fahren nur Rad, ohne andere Sportarten zu betreiben. Vielleicht reicht Ihnen eine Form von Gottesdienst oder eine Gemeindegruppe.

Es soll vorkommen, dass man keinen Draht zu seinem Ortsgeistlichen entwickelt. Dann scheuen Sie sich nicht, die Pfarrerin oder den Pfarrer der anderen Konfession oder der Nachbargemeinde anzurufen. Es ist legitim, sich »umgemeinden« zu lassen, wenn man sich mit der eigenen Gemeinde nicht mehr verbunden fühlt.

Mein Kumpel Joe, von dem schon die Rede war, schwört übrigens für seine Fitness auf die Sendung *Tele-Gym* im Fernsehen des Bayerischen Rundfunks. Auch beim Glauben ist es keine Schande, diesen übers Fernsehen oder über Internet zu pflegen, auch wenn ich die Ortsgemeinde für den ersten Schritt halte, aber das ist meine Meinung.

Wie schon im Prolog gesagt: Ich glaube, dass es für jeden und jede im christlichen Glauben und in der Kirche das zu entdecken gibt, was für ihn oder sie richtig ist und nur auf ihn oder sie wartet. Es ist wie mit mir und dem Laufen: Fangen Sie einfach an.

Danksagungen

Viele Menschen haben dazu beigetragen, dass dieses Buch entstanden ist.

Regina Carstensen war die Geburtshelferin dieses Buchs. Sie hat mir geholfen, meine Gedanken zu ordnen und an vielen Stellen die passenden Worte zu finden. Sie hat mich begleitet und gewissermaßen die Redaktion übernommen.

Uwe Globisch vom Kösel-Verlag kam mit der Idee und hat das Projekt von Anfang an mit großem Interesse, viel Begeisterung und Humor betreut.

Ohne die beiden gäbe es dieses Buch nicht – vielen Dank!

Josef Höglauer war wie so oft mein erster kritischer und dabei wohlwollender Leser, der mit scharfem Geist und großem theologischen Wissen vieles verbesserte. Danke, Joe, auch für unsere Freundschaft!

Ich bin gesegnet und dankbar für die großartigen Menschen, die mich auf und hinter der Bühne durch die Jahre begleiteten und mit denen es eine Ehre und Freude ist und war aufzutreten.

Ich danke den vielen Menschen im kirchlichen Haupt-, Neben- und Ehrenamt, mit denen ich mich immer wieder austauschen kann und die mich inspirieren, besonders den Pfarrerinnen und Pfarrern, die mich als Mentoren getragen und ertragen haben und dabei meine Freunde wurden: Thomas Köhler, Christian Gruber, Jürgen Hacker, Susanne Wittmann-Schlechtweg, Andreas Schlechtweg und Rudolf Koch. Ohne euch wäre ich nicht der, der ich heute bin.

Micha Götz danke ich stellvertretend für alle, die in den Medien meine Verrücktheiten unterstützt haben und unterstützen.

An meine Freunde nah und fern: vielen Dank für eure Treue und euren freundschaftlichen Zuspruch.

Meinen Eltern Ute und Hans-Jürgen, meinem Bruder Matthias und unserer ganzen Familie danke ich, dass sie mich auf meinem Lebensweg wohlwollend unterstützt haben und weiterhin unterstützen.

Sabrina – danke für alles.

Ich danke Ihnen, dass Sie dieses Buch (und jetzt sogar die Danksagungen) gelesen haben. Und natürlich danke ich Gott, aber das mache ich mit ihm direkt aus.

Für Neuigkeiten besuchen Sie bitte auch meinen YouTube-Kanal »Bibel auf Fränkisch«, meine Facebook- und Instagram-Seite und unsere Internetseiten *www.kirchenkabarett.de* und *www.zammgebicht.de.*

Literatur

Die Bibel nach Martin Luthers Übersetzung. Lutherbibel revidiert 2017. Deutsche Bibelgesellschaft. Stuttgart 2016

Die Einheitsübersetzung. Katholisches Bibelwerk. Stuttgart 2016

Gute Nachricht Bibel. Deutsche Bibelgesellschaft. Stuttgart 1997 (aus dieser Bibel stammt das Zitat: Hebräer 12,1).

Hüsch, Hanns Dieter: *Das Schwere leicht gesagt*. Herder Verlag. Freiburg 1994

Kalender des Schwarzen Kreuzes 2019, Evangelische Straffälligenhilfe e.V.

Moltmann, Jürgen: *Wer ist Christus für uns heute?* Gütersloher Verlagshaus. Gütersloh 1994

Preß, Hartmut (Hrsg.): *Lukas auf Fränkisch. 70 Franken übersetzen ein Evangelium*. Verlag Fränkischer Tag. Bamberg 2001

Pytlik Markus (Text und Melodie): »Kommt, atmet auf«. In: *Liederheft für die Gemeinde*. Gottesdienst-Institut Nürnberg 2011, Lied 0112

Thielicke, Helmut: *Das Lachen der Heiligen und Narren. Nachdenkliches über Witz und Humor*. Quell Verlag. Stuttgart 1988

Thoma-Adofo, Manuela: *Auf dem Weg, den niemand kennt. Eine Sterbebegleiterin mit Witz und Humor erzählt*. Kösel Verlag. München 2019

Zahrnt, Heinz: *Die Sache mit Gott. Die protestantische Theologie im 20. Jahrhundert*. Piper Verlag. München 1972